OEUVRES

DE

Leconte de Lisle

ŒUVRES

DE

Leconte de Lisle

POÈMES ANTIQUES

PARIS

ALPHONSE LEMERRE, ÉDITEUR

23-33, PASSAGE CHOISEUL, 23-33

POÈMES ANTIQUES

Sûryâ

HYMNE VÉDIQUE

Ta demeure est au bord des océans antiques,
Maître ! Les grandes Eaux lavent tes pieds mystiques.

Sur ta face divine et ton dos écumant
L'abîme primitif ruisselle lentement.
Tes cheveux qui brûlaient au milieu des nuages,
Parmi les rocs anciens déroulés sur les plages,
Pendent en noirs limons, et la houle des mers
Et les vents infinis gémissent au travers.
Sûryâ ! Prisonnier de l'ombre infranchissable,
Tu sommeilles couché dans les replis du sable.

Une haleine terrible habite en tes poumons;
Elle trouble la neige errante au flanc des monts;
Dans l'obscurité morne en grondant elle affaisse
Les astres submergés par la nuée épaisse,
Et fait monter en chœur les soupirs et les voix
Qui roulent dans le sein vénérable des bois.

Ta demeure est au bord des océans antiques,
Maitre! Les grandes Eaux lavent tes pieds mystiques.

Elle vient, elle accourt, ceinte de lotus blancs,
L'Aurore aux belles mains, aux pieds étincelants;
Et tandis que, songeur, près des mers tu reposes,
Elle lie au char bleu les quatre vaches roses.
Vois! Les palmiers divins, les érables d'argent,
Et les frais nymphéas sur l'eau vive nageant,
La vallée où pour plaire entrelaçant leurs danses
Tournent les Apsaras en rapides cadences,
Par la nue onduleuse et molle enveloppés,
S'éveillent, de rosée et de flamme trempés.
Pour franchir des sept cieux les larges intervalles,
Attelle au timon d'or les sept fauves cavales,
Secoue au vent des mers un reste de langueur,
Éclate, et lève-toi dans toute ta vigueur!

Ta demeure est au bord des océans antiques,
Maitre! Les grandes Eaux lavent tes pieds mystiques.

Mieux que l'oiseau géant qui tourne au fond des cieux,
Tu montes, ô guerrier, par bonds victorieux;

Tu roules comme un fleuve, ô Roi, source de l'Être !
Le visible infini que ta splendeur pénètre,
En houles de lumière ardemment agité,
Palpite de ta force et de ta majesté.
Dans l'air flambant, immense, oh ! que ta route est belle
Pour arriver au seuil de la nuit éternelle !
Quand ton char tombe et roule au bas du firmament,
Que l'horizon sublime ondule largement !
O Sûryâ ! Ton corps lumineux vers l'eau noire
S'incline, revêtu d'une robe de gloire ;
L'abîme te salue et s'ouvre devant toi :
Descends sur le profond rivage et dors, ô Roi !

Ta demeure est au bord des océans antiques,
Maître ! Les grandes Eaux lavent tes pieds mystiques.

Guerrier resplendissant, qui marches dans le ciel
A travers l'étendue et le temps éternel ;
Toi qui verses au sein de la terre robuste
Le fleuve fécondant de ta chaleur auguste,
Et sièges vers midi sur les brûlants sommets,
Roi du monde, entends-nous, et protège à jamais
Les hommes au sang pur, les races pacifiques
Qui te chantent au bord des océans antiques !

Prière védique pour les Morts

Berger du monde, clos les paupières funèbres
Des deux chiens d'Yama qui hantent les ténèbres.

Va, pars! Suis le chemin antique des aïeux.
Ouvre sa tombe heureuse et qu'il s'endorme en elle,
O Terre du repos, douce aux hommes pieux!
Revêts-le de silence, ô Terre maternelle,
Et mets le long baiser de l'ombre sur ses yeux.

Que le Berger divin chasse les chiens robustes
Qui rôdent en hurlant sur la piste des justes!

Ne brûle point celui qui vécut sans remords.
Comme font l'oiseau noir, la fourmi, le reptile,
Ne le déchire point, ô Roi, ni ne le mords!
Mais plutôt, de ta gloire éclatante et subtile
Pénètre-le, Dieu clair, libérateur des Morts!

Berger du monde, apaise autour de lui les râles
Que poussent les gardiens du seuil, les deux chiens pâles

Voici l'heure. Ton souffle au vent, ton œil au feu!
O Libation sainte, arrose sa poussière!
Qu'elle s'unisse à tout dans le temps et le lieu!
Toi, Portion vivante, en un corps de lumière,
Remonte et prends la forme immortelle d'un Dieu!

Que le Berger divin comprime les mâchoires
Et détourne le flair des chiens expiatoires!

Le beurre frais, le pur Sôma, l'excellent miel,
Coulent pour les héros, les poètes, les sages.
Ils sont assis, parfaits, en un rêve éternel.
Va, pars! Allume enfin ta face à leurs visages,
Et siège comme eux tous dans la splendeur du ciel!

Berger du monde, aveugle avec tes mains brûlantes
Des deux chiens d'Yama les prunelles sanglantes.

Tes deux chiens qui jamais n'ont connu le sommeil,
Dont les larges naseaux suivent le pied des races,
Puissent-ils, Yama! jusqu'au dernier réveil,
Dans la vallée et sur les monts perdant nos traces,
Nous laisser voir longtemps la beauté du soleil!

Que le Berger divin écarte de leurs proies
Les chiens blêmes errant à l'angle des deux voies!

O toi qui des hauteurs roules dans les vallons,
Qui fécondes la mer dorée où tu pénètres,
Qui sais les deux Chemins mystérieux et longs,
Je te salue, Agni, Savitri! Roi des êtres!
Cavalier flamboyant sur les sept étalons!

Berger du monde, accours! Éblouis de tes flammes
Les deux chiens d'Yama, dévorateurs des âmes.

Bhagavat

Le grand Fleuve, à travers les bois aux mille plantes,
Vers le Lac infini roulait ses ondes lentes,
Majestueux, pareil au bleu lotus du ciel,
Confondant toute voix en un chant éternel ;
Cristal immaculé, plus pur et plus splendide
Que l'innocent esprit de la vierge candide.
Les Sûras bienheureux qui calment les douleurs,
Cygnes au corps de neige, aux guirlandes de fleurs,
Gardaient le Réservoir des âmes, le saint Fleuve,
La coupe de saphir où Bhagavat s'abreuve.
Au pied des jujubiers déployés en arceaux,
Trois sages méditaient, assis dans les roseaux ;
Des larges nymphéas contemplant les calices,
Ils goûtaient, absorbés, de muettes délices.

Sur les bambous prochains, accablés de sommeil,
Les oiseaux aux becs d'or luisaient en plein soleil,
Sans daigner secouer, comme des étincelles,
Les mouches qui mordaient la pourpre de leurs ailes.
Revêtu d'un poil rude et noir, le Roi des ours
Au grondement sauvage, irritable toujours,
Allait, se nourrissant de miel et de bananes.
Les singes oscillaient suspendus aux lianes.
Tapi dans l'herbe humide et sur soi reployé,
Le tigre au ventre blanc, au souple dos rayé,
Dormait ; et par endroits, le long des vertes îles,
Comme des troncs pesants flottaient les crocodiles.

Parfois, un éléphant songeur, roi des forêts,
Passait et se perdait dans les sentiers secrets,
Vaste contemporain des races terminées,
Triste, et se souvenant des antiques années.
L'inquiète gazelle, attentive à tout bruit,
Venait, disparaissait comme le trait qui fuit ;
Au-dessus des nopals bondissait l'antilope ;
Et sous les noirs taillis dont l'ombre l'enveloppe,
L'œil dilaté, le corps nerveux et frémissant,
La panthère à l'affût humait leur jeune sang.
Du sommet des palmiers pendaient les grands reptiles ;
Des couleuvres glissaient en spirales subtiles ;
Et sur les fleurs de pourpre et sur les lys d'argent,
Emplissant l'air d'un vol sonore et diligent,
Dans la forêt touffue aux longues échappées
Les abeilles vibraient, d'un rayon d'or frappées.

Telle, la Vie immense, auguste, palpitait,
Rêvait, étincelait, soupirait et chantait;
Tels, les germes éclos et les formes à naître
Brisaient ou soulevaient le sein large de l'Être.
Mais, dans l'inaction surhumaine plongés,
Les Brahmanes muets et de longs jours chargés,
Ensevelis vivants dans leurs songes austères
Et des roseaux du Fleuve habitants solitaires,
Las des vaines rumeurs de l'homme et des cités,
En un monde inconnu puisaient leurs voluptés.
Des parts faites à tous choisissant la meilleure,
Ils fixaient leur esprit sur l'Ame intérieure.
Enfin, le jour, glissant à la pente des cieux,
D'un long regard de pourpre illumina leurs yeux;
Et, sous les jujubiers qu'un souffle pur balance,
Chacun interrompit le mystique silence.

MAITREYA.

J'étais jeune et jouais dans le vallon natal,
Au bord des bleus étangs et des lacs de cristal
Où les poules nageaient, où cygnes et sarcelles
Faisaient étinceler les perles de leurs ailes,
Dans les bois odorants, de rosée embellis,
Où sur l'écorce d'or chantaient les bengalis,
Et j'aperçus, semblable à l'Aurore céleste,
La vierge aux doux yeux longs, gracieuse et modeste,
Qui de loin s'avançait, foulant les gazons verts.
Ses pieds blancs résonnaient de mille anneaux couverts;

Sa voix harmonieuse était comme l'abeille
Qui murmure et s'enivre à ta coupe vermeille,
Belle rose! et l'amour ondulait dans son sein.
Les bengalis charmés, la suivant par essaim,
Allaient boire le miel de ses lèvres pourprées.
Ses longs cheveux, pareils à des lueurs dorées,
Ruisselaient mollement sur son cou délicat ;
Et moi, j'étais baigné de leur divin éclat !
Le souffle frais des bois de ses deux seins de neige
Écartait le tissu léger qui les protège ;
D'invisibles oiseaux chantaient pleins de douceur,
Et toute sa beauté rayonnait dans mon cœur !
Je n'ai pas su le nom de l'Apsara rapide.
Que ses pieds étaient blancs sur le gazon humide!
Et j'ai suivi longtemps, sans l'atteindre jamais,
La jeune Illusion qu'en mes beaux jours j'aimais.
O contemplation de l'Essence des choses,
Efface de mon cœur ces pieds, ces lèvres roses,
Et ces tresses de flamme et ces yeux doux et noirs
Qui troublent le repos des austères devoirs.
Sous les figuiers divins, le Lotus à cent feuilles,
Bienheureux Bhagavat, si jamais tu m'accueilles,
Puissé-je, libre enfin de ce désir amer,
M'ensevelir en toi comme on plonge à la mer !

NARADA.

Que de jours disparus! Toujours prompte à la tâche,
Durant la nuit, ma mère allait traire la vache;
Le serpent de Kala la mordit en chemin,

Et ma mère mourut, pâle, le lendemain.
Comme un enfant privé du seul être qui l'aime,
Moi, je me lamentais dans ma douleur suprême.
De vallée en colline et de fleuve en forêts,
Sombre, cheveux épars, et gémissant, j'errais
A travers les grands monts et les riches contrées,
Les agrestes hameaux et les villes sacrées,
Sous le soleil qui brûle et dévore, et souvent
Poussant des cris d'angoisse emportés par le vent.
Dans le bois redoutable, ou sous l'aride nue,
Les chacals discordants saluaient ma venue,
Et la plainte arrachée à mon cœur soucieux
Éveillait la chouette aux cris injurieux.
Venu, pour y dormir, dans ce lieu solitaire,
Au pied d'un pippala je m'assis sur la terre;
Et je vis une autre âme en mon âme, et mes yeux
Voyaient croître sur l'onde un lotus merveilleux;
Et, du sein entr'ouvert de la fleur éternelle,
Sortait une clarté qui m'attirait vers elle.
Depuis, pareils aux flots se déroulant toujours,
Dans cette vision j'ai consumé mes jours ;
Mais la source des pleurs n'est point tarie encore.
Dans l'ombre de ma nuit ta clarté que j'adore
Parfois s'est éclipsée, et son retour est lent,
Des êtres et des Dieux ô le plus excellent !
Sous les figuiers divins, le Lotus à cent feuilles,
Bienheureux Bhagavat, si jamais tu m'accueilles,
Puissé-je, délivré du souvenir amer,
M'ensevelir en toi comme un fleuve à la mer!

ANGIRA.

J'ai vécu, l'œil fixé sur la source de l'Être,
Et j'ai laissé mourir mon cœur pour mieux connaître.
Les sages m'ont parlé, sur l'antilope assis,
Et j'ai tendu l'oreille aux augustes récits ;
Mais le doute toujours appesantit ma face,
Et l'enseignement pur de mon esprit s'efface.
Je suis très malheureux, mes frères, entre tous.
Mon mal intérieur n'est pas connu de vous ;
Et si mes yeux parfois s'ouvrent à la lumière,
Bientôt la nuit épaisse obscurcit ma paupière.
Hélas! l'homme, la mer, les bois sont agités ;
Mais celui qui persiste en ses austérités,
Celui qui, toujours plein de leur sublime image,
Dirige vers les Dieux son immobile hommage,
Ferme aux tentations de ce monde apparent,
Voit luire Bhagavat dans son cœur transparent.
Tout resplendit, cité, plaine, vallon, montagne ;
Des nuages de fleurs rougissent la campagne ;
Il écoute, ravi, les chœurs harmonieux
Des Kinnaras sacrés, des femmes aux beaux yeux ;
Et des flots de lumière enveloppent le monde.
Le vain bonheur des sens s'écoule comme l'onde,
Les voluptés d'hier reposent dans l'oubli ;
Rien qui dans le néant ne roule enseveli ;
Rien qui puisse apaiser ta soif inexorable,
O passion avide, ô doute insatiable,

Si ce n'est le plus doux et le plus beau des Dieux.
Sans lui tout me consume et tout m'est odieux.
Sous les figuiers divins, le Lotus à cent feuilles,
Bienheureux Bhagavat, si jamais tu m'accueilles,
Puissé-je, ô Bhagavat, chassant le doute amer,
M'ensevelir en toi comme on plonge à la mer!

Ainsi dans les roseaux se lamentaient les sages;
Des pleurs trop contenus inondaient leurs visages,
Et le Fleuve gémit en réponse à leurs voix,
Et la nuit formidable enveloppa les bois.
Les oiseaux s'étaient tus, et, sur les rameaux frêles,
Aux nids accoutumés se reployaient leurs ailes.
Seuls, éveillés par l'ombre, en détours indolents,
Les grands pythons rôdaient, dans l'herbe étincelants;
Les panthères, par bonds musculeux et rapides,
Dans l'épaisseur des bois, chassaient les daims timides;
Et sur le bord prochain, le tigre, se dressant,
Poussait par intervalle un cri rauque et puissant.
Mais le ciel, dénouant ses larges draperies,
Faisait aux flots dorés un lit de pierreries,
Et la lune, inclinant son urne à l'horizon,
Épanchait ses lueurs d'opale au noir gazon.
Les lotus entr'ouvraient sur les eaux murmurantes,
Plus larges dans la nuit, leurs coupes transparentes;
L'arome des rosiers dans l'air pur dilaté
Retombait plus chargé de molle volupté,
Et mille mouches d'or, d'azur et d'émeraude,
Étoilaient de leurs feux la mousse humide et chaude.

Les Brahmanes pleuraient en proie aux noirs ennuis.

Une plainte est au fond de la rumeur des nuits,
Lamentation large et souffrance inconnue
Qui monte de la terre et roule dans la nue ;
Soupir du globe errant dans l'éternel chemin,
Mais effacé toujours par le soupir humain.
Sombre douleur de l'homme, ô voix triste et profonde,
Plus forte que les bruits innombrables du monde,
Cri de l'âme, sanglot du cœur supplicié,
Qui t'entend sans frémir d'amour et de pitié ?
Qui ne pleure sur toi, magnanime faiblesse,
Esprit qu'un aiguillon divin excite et blesse,
Qui t'ignores toi-même et ne peux te saisir,
Et sans borner jamais l'impossible désir,
Durant l'humaine nuit qui jamais ne s'achève,
N'embrasses l'Infini qu'en un sublime rêve ?
O douloureux Esprit, dans l'espace emporté,
Altéré de lumière, avide de beauté,
Qui retombes toujours de la hauteur divine
Où tout être vivant cherche son origine,
Et qui gémis, saisi de tristesse et d'effroi,
O conquérant vaincu, qui ne pleure sur toi ?

Et les sages pleuraient. Mais la blanche Déesse,
Ganga, sous l'onde assise, entendit leur détresse.
Dans la grotte de nacre, aux sables d'or semés,
Mille femmes peignaient en anneaux parfumés
Sa vierge chevelure, odorante et vermeille ;

Mais aux voix de la rive elle inclina l'oreille,
Et voilée à demi d'un bleuâtre éventail,
Avec ses bracelets de perle et de corail,
Son beau corps diaphane et frais, sa bouche rose
Où le sourire ailé comme un oiseau se pose,
Et ses cheveux divins de nymphéas ornés,
Elle apparut, et vit les sages prosternés.

GANGA.

Brahmanes! qui vivez et priez sur mes rives,
Vous qui d'un œil pieux contemplez mes eaux vives,
Pourquoi gémir? Quel est votre tourment cruel?
Un Brahmane est toujours un roi Spirituel.
Il reçoit au berceau mille dons en partage;
Aimé des Dieux, il est intelligent et sage;
Il porte au sacrifice un cœur pur et des mains
Sans tache; il vit et meurt vénérable aux humains.
Pourquoi gémissez-vous, ô Brahmanés que j'aime?
Ne possédez-vous pas la science suprême?
Avez-vous offensé l'essentiel Esprit
Pour n'avoir point prié dans le rite prescrit?
Confiez-vous en moi : mes paroles sont sûres;
Je puis tarir vos pleurs et fermer vos blessures,
Et fixer de nouveau, loin du monde agité,
Vos âmes dans le rêve et l'immobilité.

Sur le large Lotus où son corps divin siège,
Ainsi parlait Ganga, blanche comme la neige.

MAITREYA.

Salut, Vierge aux beaux yeux, reine des saintes Eaux,
Plus douce que le chant matinal des oiseaux,
Que l'arome amolli qui des jasmins émane ;
Reçois, belle Ganga, le salut du Brahmane.
Je te dirai le trouble où s'égare mon cœur.
Je me suis enivré d'une ardente liqueur,
Et l'amour, me versant son ivresse funeste,
Dirige mon esprit hors du chemin céleste.
O Vierge, brise en moi les liens de la chair !
O Vierge, guéris-moi du tourment qui m'est cher !

NARADA.

Salut, Vierge aux beaux yeux, aux boucles d'or fluide,
Plus fraîche que l'Aurore au diadème humide,
Que les brises du fleuve au fond des bois rêvant ;
Reçois, belle Ganga, mon hommage fervent.
Je te raconterai ma peine encore amère.
Oui, le dernier baiser que me donna ma mère,
Suprême embrassement après de longs adieux,
De larmes de tendresse emplit toujours mes yeux.
Quand vient l'heure fatale et que le jour s'achève,
Cette image renaît et trouble le saint rêve.
O Vierge, efface en moi ce souvenir cruel !
O Vierge, guéris-moi de tout amour mortel !

ANGIRA,

Salut, Vierge aux beaux yeux, rayonnante de gloire,
Plus blanche que le cygne et que le pur ivoire.

Qui sur ton cou d'albâtre enroules tes cheveux ;
Reçois, belle Ganga, l'offrande de mes vœux.
Mon malheur est plus fort que ta pitié charmante,
O Déesse! Le doute infini me tourmente.
Pareil au voyageur dans les bois égaré,
Mon cœur dans la nuit sombre erre désespéré.
O Vierge, qui dira ce que je veux connaître :
L'origine et la fin et les formes de l'Être?

Sous un rayon de lune, au bord des flots muets,
Tels parlaient tour à tour les sages inquiets.

GANGA.

Quand de telles douleurs troublent l'âme blessée,
O Brahmanes chéris, l'attente est insensée.
Si le remède est prêt, les longs discours sont vains.
Levez-vous, et quittez le fleuve aux flots divins
Et la forêt profonde où son beau cours commence.
O sages, le temps presse, et la route est immense.
Par delà les lacs bleus de lotus embellis
Que le souffle vital berce dans leurs grands lits,
Le Kaîlaça céleste, entre les monts sublimes,
Élève le plus haut ses merveilleuses cimes.
Là, sous le dôme épais des feuillages pourprés,
Parmi les kokilas et les paons diaprés,
Réside Bhagavat dont la face illumine.
Son sourire est Mâyâ, l'Illusion divine ;
Sur son ventre d'azur roulent les grandes Eaux ;
La charpente des monts est faite de ses os.

Les fleuves ont germé dans ses veines, sa tête
Enferme les Védas, son souffle est la tempête;
Sa marche est à la fois le temps et l'action;
Son coup d'œil éternel est la création,
Et le vaste Univers forme son corps solide.
Allez! La route est longue, et la vie est rapide.

Et Ganga disparut dans le fleuve endormi,
Comme un rayon qui plonge et s'éclipse à demi.

—

Pareils à l'éléphant qui, de son pied sonore,
Fuit l'ardente forêt qu'un feu soudain dévore,
Qui mugit à travers les flamboyants rameaux,
Et respirant à peine, et consumé de maux,
Emportant l'incendie à son flanc qui palpite,
Dans la fraîcheur des eaux roule et se précipite;
A la voix de Ganga les sages soucieux
Sentaient les pleurs amers se sécher dans leurs yeux.
Sept fois, les bras tendus vers l'onde bleue et claire,
Ils bénirent ton nom, ô Vierge tutélaire,
O fille d'Himavat, Déesse au corps charmant,
Qui jadis habitais le large firmament,
Et que Bhagiratha, le roi du sacrifice,
Fit descendre en ce monde en proie à l'injustice.
Puis, adorant ton nom béni par eux sept fois,
Ils quittèrent le fleuve et l'épaisseur des bois;
Et vers les régions des montagnes neigeuses,
Durant les chauds soleils et les nuits orageuses,
Dédaigneux du péril et du rire moqueur,

Les yeux clos, ils marchaient aux clartés de leur cœur.
Enfin les Lacs sacrés, à l'horizon en flammes,
Resplendirent, berçant des Esprits sur leurs lames.
Dans leur sein azuré, le Mont intelligent,
L'immense Kaîlaça mirait son front d'argent
Où siège Bhagavat sur un trône d'ivoire ;
Et les sages en chœur saluèrent sa gloire.

LES BRAHMANES.

Kaîlaça! Kaîlaça! Montagne, appui du ciel,
Des Dieux supérieurs séjour Spirituel,
Centre du monde, abri des âmes innombrables,
Où les Kalahamsas chantent sur les érables ;
Kaîlaça ! Kaîlaça! trône de l'Incréé,
Que tu t'élances haut dans l'espace sacré !
Oh! qui pourrait monter sur tes degrés énormes,
Si ce n'est Bhagavat, le créateur des formes ?
Nous qui vivons un jour et qui mourrons demain,
Hélas! nos pieds mortels s'useront en chemin ;
Et sans doute épuisés de vaine lassitude
Nous tomberons, vaincus, sur la pente trop rude,
Sans boire l'Air vital qui baigne tes sommets ;
Mais les yeux qui t'ont vu ne t'oublîront jamais!
Les urnes de l'autel, qui fument d'encens pleines,
Ont de moins doux parfums que tes vives haleines ;
Tes fleuves sont pareils aux pythons lumineux
Qui sur les palmiers verts enroulent leurs beaux nœuds;
Ils glissent au détour de tes belles collines
En guirlandes d'argent, d'azur, de perles fines ;

Tes étangs de saphir, où croissent les lotus,
Luisent dans tes vallons d'un éclair revêtus ;
Une rouge vapeur à ton épaule ondoie
Comme un manteau de pourpre où le couchant flamboie ;
Mille fleurs, sur ton sein, plus brillantes encor,
Au vent voluptueux livrent leurs tiges d'or,
Berçant dans leur calice, où le miel étincelle,
Mille oiseaux dont la plume en diamants ruisselle.
Kaîlaça ! Kaîlaça, soit que nos pieds hardis
Atteignent la hauteur pure où tu resplendis,
Soit que, le souffle humain manquant à nos poitrines,
Nous retombions mourants sur tes larges racines ;
O merveille du monde, ô demeure des Dieux,
Du visible univers monarque radieux,
Sois béni ! Ta beauté, dans nos cœurs honorée,
Fatiguera du temps l'éternelle durée.
Salut, Route du ciel que vont fouler nos pas ;
Dans la vie ou la mort nous ne t'oublirons pas !

—

Ayant chanté le mont Kaîlaça, les Brahmanes
Se baignèrent trois fois dans les eaux diaphanes.
Ainsi purifiés des souillures du corps,
Ils gravirent le Mont, plus sages et plus forts.
Les Aurores naissaient, et, semblables aux roses,
S'effeuillaient aux soleils qui brûlent toutes choses ;
Et les soleils voilaient leur flamme, et, tour à tour,
Du sein profond des nuits rejaillissait le jour.
Les Brahmanes montaient, pleins de force et de joie.
Déjà les kokilas, sur le bambou qui ploie,

Et les paons et les coqs au plumage de feu,
Annonçaient le Séjour, l'inénarrable Lieu,
D'où s'épanche sans cesse, en torrents de lumière,
La divine Mâyâ, l'Illusion première.
Mille femmes au front d'ambre, aux longs cheveux noirs,
Des flots aux frais baisers troublaient les bleus miroirs,
Et du timbre argentin de leurs lèvres pourprées
Disaient en souriant les hymnes consacrées ;
Et les Esprits nageaient dans l'air mystérieux ;
Et les doux Kinnaras, musiciens des Dieux,
Sur les flûtes d'ébène et les vinâs d'ivoire
Chantaient de Bhagavat l'inépuisable histoire.

LES KINNARAS.

I

Il était en principe, unique et virtuel,
Sans forme et contenant l'univers éternel.
Rien n'était hors de lui, l'Abstraction suprême.
Il regardait sans voir et s'ignorait soi-même.
Et, soudain, tu jaillis et tu l'enveloppas,
Toi, la Source infinie et de ce qui n'est pas
Et des choses qui sont ! toi par qui tout s'oublie,
Meurt, renaît, disparait, souffre et se multiplie,
Mâyâ ! qui, dans ton sein invisible et béant,
Contiens l'homme et les Dieux, la vie et le néant.

II

La Terre était tombée au profond de l'abîme,
Et les Richis jetaient une plainte unanime;
Mais Bhagavat, semblable au lion irrité,
Rugit dans la hauteur du ciel épouvanté.
Le divin Sanglier, mâle du sacrifice,
L'œil rouge, et secouant son poil qui se hérisse,
Tel qu'un noir tourbillon, un souffle impétueux,
Traversant d'un seul bond les airs tumultueux,
Favorable aux Richis dont la voix le supplie,
Suivait à l'odorat la Terre ensevelie.
Il plongea sans tarder au fond des grandes Eaux;
Et l'Océan souffrit alors d'étranges maux,
Et, les flancs tout meurtris de la chute sacrée,
Étendit les longs bras de l'onde déchirée,
Poussant une clameur douloureuse et disant :
— Seigneur ! prends en pitié l'abîme agonisant ! —
Mais Bhagavat nageait sous les flots sans rivages.
Il vit, dans l'algue verte et les limons sauvages,
La Terre qui gisait et palpitait encor;
Et, transfixant du bout de ses défenses d'or
L'Univers échoué dans l'étendue humide,
Il remonta, couvert d'une écume splendide.

III

Quand, sur la nue assis, noir de colère, Indra
Amassera la pluie et la déchaînera

Pour engloutir le monde et venger son offense,
Le jeune Bhagavat, dans la fleur de l'enfance,
Qui, sous les açokas cherchant de frais abris,
Joûra dans la rosée avec les colibris,
Voulant sauver la Terre encor féconde et belle,
Soutiendra d'un seul doigt, comme une large ombrelle,
Sous les torrents du ciel qui rugiront en vain,
Durant sept jours entiers, l'Himalaya divin !

IV

Le chef des Éléphants, brûlé par la lumière,
Vers midi se baignait dans la fraîche rivière,
Et, tout murmurant d'aise et lavé d'un flot pur,
Respirait des lotus les calices d'azur.
Un crocodile noir, troublant sa quiétude,
Le saisit tout à coup par son pied lourd et rude.
— Seigneur ! dit l'Éléphant plein de crainte, entends-moi !
Seigneur des âmes, viens ! Je vais mourir sans toi. —
Bhagavat l'entendit, et d'un effort facile
Brisa comme un roseau les dents du crocodile.

———

Aux chants des Kinnaras, de désirs consumés,
Les Brahmanes foulaient les gazons parfumés ;
Et sur les bleus étangs et sous le vert feuillage
Cherchant de Bhagavat la glorieuse image,
Ils virent, plein de grâce et plein de majesté,
Un Être pur et beau comme un soleil d'été.

C'était le Dieu. Sa noire et lisse chevelure,
Ceinte de fleurs des bois et vierge de souillure,
Tombait divinement sur son dos radieux ;
Le sourire animait le lotus de ses yeux ;
Et dans ses vêtements, jaunes comme la flamme,
Avec son large sein où s'anéantit l'âme,
Et ses bracelets d'or de joyaux enrichis,
Et ses ongles pourprés qu'adorent les Richis,
Son nombril merveilleux, centre unique des choses,
Ses lèvres de corail où fleurissent les roses,
Ses éventails de cygne et son parasol blanc,
Il siégeait, plus sublime et plus étincelant
Qu'un nuage, unissant, dans leur splendeur commune,
L'éclair et l'arc-en-ciel, le soleil et la lune.
Tel était Bhagavat, visible à l'œil humain.
Le nymphéa sacré s'agitait dans sa main.
Comme un mont d'émeraude aux brillantes racines,
Aux pics d'or, embellis de guirlandes divines,
Et portant pour ceinture à ses reins florissants
Des lacs et des vallons et des bois verdissants,
Des jardins diaprés et de limpides ondes,
Tel il siégeait. Son corps embrassait les trois Mondes,
Et de sa propre gloire un pur rayonnement
Environnait son front majestueusement.

Bhagavat ! Bhagavat ! Essence des Essences,
Source de la beauté, fleuve des Renaissances,
Lumière qui fais vivre et mourir à la fois !
Ils te virent, Seigneur, et restèrent sans voix.

Comme l'herbe courbée au souffle de la plaine,
Leur tête s'affaissa sous ta mystique haleine,
Et leur cœur bondissant dans leur sein dilaté,
Comme un lion captif, chercha la liberté.
L'Air vital, attiré par la chaleur divine,
D'un insensible effort monta dans la poitrine,
Et, sous le crâne épais, à l'Esprit réuni,
Se fraya le chemin qui mène à l'Infini.
Ainsi que le soleil, ami des hautes cimes,
Tu souris, Bhagavat, à ces âmes sublimes.
Toi-même, ô Dieu puissant, dispensateur des biens,
Dénouas de l'Esprit les suprêmes liens;
Et dans ton sein sans borne, océan de lumière,
Ils s'unirent tous trois à l'Essence première,
Le principe et la fin, erreur et vérité,
Abîme de néant et de réalité
Qu'enveloppe à jamais de sa flamme féconde
L'invisible Mâyâ, créatrice du monde,
Espoir et souvenir, le rêve et la raison,
L'unique, l'éternelle et sainte Illusion.

La Mort de Valmiki

Valmiki, le poète immortel, est très vieux.

Toute chose éphémère a passé dans ses yeux
Plus prompte que le bond léger de l'antilope.
Il a cent ans. L'ennui de vivre l'enveloppe.
Comme l'aigle, altéré d'un immuable azur,
S'agite et bat de l'aile au bord du nid obscur,
L'Esprit, impatient des entraves humaines,
Veut s'enfuir au delà des apparences vaines.
C'est pourquoi le Chanteur des antiques héros
Médite le silence et songe au long repos,
A l'ineffable paix où s'anéantit l'âme,
Au terme du désir, du regret et du blâme,
Au sublime sommeil sans rêve et sans moment,
Sur qui l'Oubli divin plane éternellement.

Le temps coule, la vie est pleine, l'œuvre est faite.

Il a gravi le sombre Himavat jusqu'au faîte.
Ses pieds nus ont rougi l'âpre sentier des monts,

Le vent des hautes nuits a mordu ses poumons ;
Mais, sans plus retourner ni l'esprit ni la tête,
Il ne s'est arrêté qu'où le monde s'arrête.
Sous le vaste Figuier qui verdit respecté
De la neige hivernale et du torride été,
Croisant ses maigres mains sur le bâton d'érable,
Et vêtu de sa barbe épaisse et vénérable,
Il contemple, immobile, une dernière fois,
Les fleuves, les cités, et les lacs et les bois,
Les monts, piliers du ciel, et l'Océan sonore.
D'où s'élance et fleurit le Rosier de l'aurore.

L'homme impassible voit cela, silencieux.

La lumière sacrée envahit terre et cieux ;
Du zénith au brin d'herbe et du gouffre à la nue,
Elle vole, palpite, et nage et s'insinue,
Dorant d'un seul baiser clair, subtil, frais et doux,
Les oiseaux dans la mousse, et, sous les noirs bambous,
Les éléphants pensifs qui font frémir leurs rides
Au vol strident et vif des vertes cantharides,
Les radjahs et les chiens, Richis et Parias,
Et l'insecte invisible et les Himalayas.
Un rire éblouissant illumine le monde.
L'arome de la Vie inépuisable inonde
L'immensité du rêve énergique où Brahma
Se vit, se reconnut, resplendit et s'aima.

L'âme de Valmiki plonge dans cette gloire.

Quel souffle a dissipé le temps expiatoire ?
O vision des jours anciens, d'où renais-tu ?
O large chant d'amour, de bonté, de vertu,
Qui berces à jamais de ta flottante haleine
Le grand Daçarathide et la Mytiléenne,
Les sages, les guerriers, les vierges et les Dieux,
Et le déroulement des siècles radieux,
Pourquoi, tout parfumé des roses de l'abime,
Sembles-tu rejaillir de ta source sublime ?
Ramayana ! L'esprit puissant qui t'a chanté
Suit ton vol au ciel bleu de la félicité,
Et, dans l'enivrement des saintes harmonies,
Se mêle au tourbillon des âmes infinies.

Le soleil grandit, monte, éclate, et brûle en paix.

Une muette ardeur, par effluves épais,
Tombe de l'orbe en flamme où tout rentre et se noie,
Les formes, les couleurs, les parfums et la joie
Des choses, la rumeur humaine et le soupir
De la mer qui halète et vient de s'assoupir.
Tout se tait. L'univers embrasé se consume.
Et voici, hors du sol qui se gerce et qui fume,
Une blanche fourmi qu'attire l'air brûlant ;
Puis cent autres, puis mille et mille, et, pullulant
Toujours, des millions encore, qui, sans trêve,
Vont à l'assaut de l'homme absorbé dans son rêve,
Debout contre le tronc du vieil arbre moussu,
Et qui s'anéantit dans ce qu'il a conçu.

L'esprit ne sait plus rien des sens ni de soi-même.

Et les longues fourmis, traînant leur ventre blême,
Ondulent vers leur proie inerte, s'amassant,
Circulant, s'affaissant, s'enflant et bruissant
Comme l'ascension d'une écume marine.
Elles couvrent ses pieds, ses cuisses, sa poitrine,
Mordent, rongent la chair, pénètrent par les yeux
Dans la concavité du crâne spacieux,
S'engouffrent dans la bouche ouverte et violette,
Et de ce corps vivant font un roide squelette
Planté sur l'Himavat comme un Dieu sur l'autel,
Et qui fut Valmiki, le poète immortel,
Dont l'âme harmonieuse emplit l'ombre où nous sommes
Et ne se taira plus sur les lèvres des hommes.

L'Arc de Civa

Le vieux Daçaratha, sur son siège d'érable,
Depuis trois jours entiers, depuis trois longues nuits,
Immobile, l'œil cave et lourd d'amers ennuis,
    Courbe sa tête vénérable.

Son dos maigre est couvert de ses grands cheveux blancs,
Et sa robe est souillée. Il l'arrache et la froisse.
Puis il gémit tout bas, pressant avec angoisse
    Son cœur de ses deux bras tremblants.

A l'ombre des piliers aux lignes colossales,
Où le lotus sacré s'épanouit en fleurs,
Ses femmes, ses guerriers respectent ses douleurs,
    Muets, assis autour des salles.

Le vieux Roi dit : — Je meurs de chagrin consumé.
Qu'on appelle Rama, mon fils plein de courage ! —
Tous se taisent. Les pleurs inondent son visage.
    Il dit : — O mon fils bien aimé !

Lève-toi, Lakçmana ! Attelle deux cavales
Au char de guerre, et prends ton arc et ton carquois.
Va ! Parcours les cités, les montagnes, les bois,
    Au bruit éclatant des cymbales.

Dis à Rama qu'il vienne. Il est mon fils aîné,
Le plus beau, le plus brave, et l'appui de ma race.
Et mieux vaudrait pour toi, si tu manques sa trace,
    Malheureux ! n'être jamais né. —

Le jeune homme aux yeux noirs, se levant plein de crainte,
Franchit en bondissant les larges escaliers ;
Il monte sur son char avec deux cymbaliers,
    Et fuit hors de la Cité sainte.

Tandis que l'attelage aux jarrets vigoureux
Hennit et court, il songe en son âme profonde :
— Que ferai-je ? Où trouver, sur la face du monde,
    Rama, mon frère généreux ?

Certes, la terre est grande, et voici bien des heures
Que l'exil l'a chassé du palais paternel
Et que sa douce voix, par un arrêt cruel,
    N'a retenti dans nos demeures. —

Tel Lakçmana médite. Et pourtant, jour et nuit,
Il traverse cités, vallons, montagne et plaine.
Chaque cavale souffle une brûlante haleine,
    Et leur poil noir écume et luit.

— Avez-vous vu Rama, laboureurs aux mains rudes ?
Et vous, filles du fleuve aux îlots de limons ?
Et vous, fiers cavaliers qui descendez des monts,
      Chasseurs des hautes solitudes ?

— Non ! nous étions courbés sur le sol nourricier.
— Non ! nous lavions nos corps dans l'eau qui rend plus belles
— Non, Radjah ! nous percions les daims et les gazelles
      Et le léopard carnassier. —

Et Lakçmana soupire en poursuivant sa route.
Il a franchi les champs où germe et croît le riz ;
Il s'enfonce au hasard dans les sentiers fleuris
      Des bois à l'immobile voûte.

— Avez-vous vu Rama, Contemplateurs pieux,
L'archer certain du but, brave entre les plus braves ?
— Non ! le rêve éternel a fermé nos yeux caves,
      Et nous n'avons vu que les Dieux ! —

A travers les nopals aux tiges acérées,
Et les buissons de ronce, et les rochers épars,
Et le taillis épais inaccessible aux chars,
      Il va par les forêts sacrées.

Mais voici qu'un cri rauque, horrible, furieux,
Trouble la solitude où planait le silence.
Le jeune homme frémit dans son cœur, et s'élance,
      Tendant l'oreille, ouvrant les yeux.

Un Rakças de Lanka, noir comme un ours sauvage,
Les cheveux hérissés, bondit dans le hallier.
Il porte une massue et la fait tournoyer,
    Et sa bouche écume de rage.

En face, roidissant son bras blanc et nerveux,
Le grand Rama sourit et tend son arc qui ploie,
Et sur son large dos, comme un nuage, ondoie
    L'épaisseur de ses longs cheveux.

Un pied sur un tronc d'arbre échoué dans les herbes,
L'autre en arrière, il courbe avec un mâle effort
L'arme vibrante, où luit, messagère de mort,
    La flèche aux trois pointes acerbes.

Soudain, du nerf tendu part en retentissant
Le trait aigu. L'éclair a moins de promptitude.
Et le Rakças rejette, en mordant le sol rude,
    Sa vie immonde avec son sang.

— Rama Daçarathide, honoré des Brahmanes,
Toi dont le sang est pur et dont le corps est blanc,
Dit Lakçmana, salut, dompteur étincelant
    De toutes les races profanes!

Salut, mon frère aîné, toi qui n'as point d'égal!
O purificateur des forêts ascétiques,
Daçaratha, courbé sous les ans fatidiques,
    Gémit sur son siège royal.

Les larmes dans les yeux, il ne dort ni ne mange
La pâleur de la mort couvre son noble front.
Il t'appelle : ses pleurs ont lavé ton affront,
 Mon frère, et sa douleur te venge. —

Rama lui dit : — J'irai. — Tous deux sortent des bois
Où git le noir Rakças dans les herbes humides,
Et montent sur le char aux sept jantes solides,
 Qui crie et cède sous leur poids.

La forêt disparaît. Ils franchissent vallées,
Fleuves, plaines et monts ; et, tout poudreux, voilà
Qu'ils s'arrêtent devant la grande Mytila
 Aux cent pagodes crénelées.

D'éclatantes clameurs emplissent la cité,
Et le Roi les accueille et dit : — Je te salue,
Chef des guerriers, effroi de la race velue
 Toute noire d'iniquité !

Puisses-tu, seul de tous, tendre, ô Daçarathide,
L'arc immense d'or pur que Çiva m'a donné !
Ma fille est le trésor par les Dieux destiné
 A qui ploira l'arme splendide.

— Je briserai cet arc comme un rameau flétri ;
Les Dêvas m'ont promis la plus belle des femmes ! —
Il saisit l'arme d'or d'où jaillissent des flammes,
 Et la tend d'un bras aguerri.

Et l'arc ploie et se brise avec un bruit terrible.
La foule se prosterne et tremble. Le Roi dit :
— Puisse un jour Ravana, sept fois vil et maudit,
    Tomber sous ta flèche invincible !

Sois mon fils. — Et l'Époux immortel de Sita,
Grâce aux Dieux incarnés qui protègent les justes,
Plein de gloire, revit ses demeures augustes
    Et le vieux roi Daçaratha.

Çunacépa

I

La Vierge au char de nacre, aux tresses dénouées,
S'élance en souriant de la mer aux nuées
Dans un brouillard de perle empli de flèches d'or.
De son rose attelage elle presse l'essor ;
Elle baigne le mont bleuâtre aux lignes calmes,
Et la fraîche vallée où, bercés sur les palmes,
Les oiseaux au col rouge, au corps de diamant,
Dans les nids attiédis sifflent joyeusement.
Tout s'éveille, vêtu d'une couleur divine,
Tout étincelle et rit : le fleuve, la colline,
Et la gorge où, le soir, le tigre a miaulé,
Et le lac transparent de lotus étoilé.
Le bambou grêle sonne au vent; les mousses hautes
Entendent murmurer leurs invisibles hôtes;

L'abeille en bourdonnant s'envole; et les grands bois,
Épais, mystérieux, pleins de confuses voix,
Où les sages, plongés dans leur rêve ascétique,
Ne comptent plus les jours tombés du ciel antique,
Sentant courir la sève et circuler le feu,
Se dressent rajeunis dans l'air subtil et bleu.
C'est ainsi que l'Aurore, à l'Océan pareille,
Disperse ses rayons sur la terre vermeille,
Comme de blancs troupeaux dans les herbages verts,
Et de son doux regard pénètre l'univers.
Elle conduit au seuil des humaines demeures
Le souci de la vie avec l'essaim des Heures;
Car rien ne se repose à sa vive clarté.
Seul, dilatant son cœur sous le ciel argenté,
Libre du vain désir des aurores futures,
L'homme juste vers elle élève ses mains pures.
Il sait que la Mâyâ, ce mensonge éternel,
Se rit de ce qui marche et pleure sous le ciel,
Et qu'en formes sans nombre, illusion féconde,
Avant le cours des temps Elle a rêvé le monde.

II

Sous la varangue basse, auprès de son figuier,
Le Richi vénérable achève de prier.
Sur ses bras d'ambre jaune il abaisse sa manche,
Noue autour de ses reins la mousseline blanche,
Et croisant ses deux pieds sous sa cuisse, l'œil clos,
Immobile et muet, il médite en repos.

Sa femme à pas légers vient poser sur sa natte
Le riz, le lait caillé, la banane et la datte ;
Puis elle se retire et va manger à part.
Trois hommes sont assis aux côtés du vieillard,
Ses trois fils. L'aîné siège à droite, le plus jeune
A gauche. Le dernier rêve, en face, et fait jeûne.
Bien que le moins aimé, c'est le plus beau des trois.
Ses poignets sont ornés de bracelets étroits ;
Sur son dos ferme et nu sa chevelure glisse
En anneaux négligés, épaisse, noire et lisse.
La tristesse se lit sur son front soucieux,
Et, telle qu'un nuage, assombrit ses grands yeux.
Abaissant à demi sa paupière bronzée,
Il regarde vers l'Est la colline boisée,
Où, sous les nappes d'or du soleil matinal,
Les oiseaux pourpre et bleu flambent dans le çantal ;
Où la vierge naïve aux beaux yeux de gazelle
Parle de loin au cœur qui s'élance vers elle.
Mais, de l'aube qui naît jusqu'aux ombres du soir,
Un long jour passera sans qu'il puisse la voir.
Aussi, l'âme blessée, il garde le silence,
Tandis que le figuier murmure et se balance,
Et qu'on entend, aux bords du fleuve aux claires eaux,
Les caïmans joyeux glapir dans les roseaux.

III

Sûryâ, comme un bloc de cristal diaphane,
Dans l'espace azuré monte, grandit et plane.

La nue en fusion blanchit autour du Dieu,
Et l'Océan céleste oscille dans le feu.
Tout bruit décroit; l'oiseau laisse tomber ses ailes,
Les feuilles du bambou ne chantent plus entre elles,
La fleur languissamment clôt sa corolle d'or
A l'abeille qui rôde et qui bourdonne encor;
Et la terre et le ciel où la flamme circule
Se taisent à la fois devant le Dieu qui brûle.
Mais voici que le long du fleuve, par milliers,
Tels qu'un blanc tourbillon, courent des cavaliers;
Des chars tout hérissés de faux roulent derrière
Et comme un étendard soulèvent la poussière.
Sur un grand éléphant qui fait trembler le sol,
Vêtu d'or, abrité d'un large parasol
D'où pendent en festons des guirlandes fleuries,
Le front ceint d'un bandeau chargé de pierreries,
Le vieux Maharadjah, roi des hommes, pareil
Au magnanime Indra debout dans le soleil,
Devant le seuil rustique où le Brahmane siège,
S'arrête, environné du belliqueux cortège.

— Richi, cher aux Dévas, dit-il, sage aux longs jours,
Qui des temps fugitifs as mesuré le cours,
Écoute-moi : mon cœur est couvert d'un nuage,
Et comme au vil Çudra les Dieux m'ont fait outrage.
Je leur avais offert un sacrifice humain.
Le Brahmane sacré levait déjà la main,
Quand, du pilier massif déliant la victime,
Ils ont terni ma gloire et m'ont chargé d'un crime.

J'ai parcouru les monts, les plaines, les cités,
Cherchant un homme, pur des signes détestés,
Qui lave de son sang ma faute involontaire
Et du ressentiment des Dieux sauve la terre.
Car Indra, que mes pleurs amers n'ont point touché,
Refusera l'eau vive au monde desséché,
Et nous verrons languir sous les feux de sa haine
Sur les sillons taris toute la race humaine.
Mais je n'ai point trouvé l'homme prédestiné.
Tes enfants sont nombreux : livre-moi ton aîné,
Et je te donnerai, Richi, te rendant grâces,
En échange et pour prix, cent mille vaches grasses. —

Le Brahmane lui dit : — O Roi, pour aucun prix,
Je ne te céderai le premier de mes fils.
Par Celui qui réside au sein des apparences
Et se meut dans le monde et les intelligences,
Dût la terre, semblable à la feuille des bois,
Palpiter dans la flamme et se tordre aux abois,
Radjah ! je garderai le chef de ma famille.
Entre tous les vivants dont le monde fourmille,
Vaines formes d'un jour, mon premier-né m'est cher. —

Et la femme, sentant frémir toute sa chair,
Dit à son tour : — O Roi, par la rouge Déesse,
J'aime mon dernier fils avec trop de tendresse. —

Alors Çunacépa se leva sans pâlir :
— Je vois bien que le jour est venu de mourir.

Mon père m'abandonne et ma mère m'oublie.
Mais avant qu'au pilier le Brahmane me lie,
Permets, Maharadjah, que tout un jour encor
Je vive. Quand, demain, dans la mer pleine d'or
Sûryâ d'un seul bond poussera ses cavales,
Je serai prêt. — C'est bien, dit le Roi. — Les cymbales
Résonnent, l'air s'emplit du bruit strident des chars;
Hennissements et cris roulent de toutes parts;
Et, remontant le cours de la sainte rivière,
Tous s'en vont, inondés de flamme et de poussière.

Le jeune homme, debout devant ses vieux parents,
Calme, les regardait de ses yeux transparents,
Et les voyant muets : — Mon père vénérable,
Mes jours seront pareils aux feuilles de l'érable
Qu'un orage d'été fait voltiger dans l'air
Bien avant qu'ait sifflé le vent froid de l'hiver :
Adieu ! Ma mère, adieu ! Vivez longtemps, mes frères
Indra vous garde tous des Puissances contraires,
Et qu'il boive mon sang sur son pilier d'airain ! —

Et le Richi lui dit : — Tout n'est qu'un songe vain. —

IV

La colline était verte et de fleurs étoilée,
Où l'arome du soir montait de la vallée,

Où revenait l'essaim des sauvages ramiers
Se blottir aux rameaux assouplis des palmiers,
Qui, sous les cloches d'or des plantes enlacées,
Rafraîchissaient l'air chaud de leurs feuilles bercées.
Çunacépa, couché parmi le noir gazon,
Voyait le jour décroître au paisible horizon,
Et, pressant de ses bras son cœur plein de détresse,
Pleurait devant la mort sa force et sa jeunesse.
Il vous pleurait, ô bois murmurants et touffus,
Vallée où l'ombre amie éveille un chant confus,
Fleuve aimé des Dêvas, dont l'écume divine
A senti tant de fois palpiter sa poitrine,
Champs de maïs, au vent du matin onduleux,
Cimes des monts lointains, vastes mers aux flots bleus,
Beaux astres, habitants de l'espace sans borne
Qui flottez dans le ciel étincelant et morne !
Mais plus que la nature et que ce dernier jour,
O fleur épanouie aux baisers de l'amour,
O Çanta, coupe pure où ses lèvres fidèles
Buvaient le flot sacré des larmes immortelles,
C'était toi qu'il pleurait, toi, son unique bien,
Auprès de qui le monde immense n'était rien !
Et, comme il t'appelait de son âme brisée,
Tu vins à ses côtés t'asseoir dans la rosée,
Joyeuse, et tes longs cils voilant tes yeux charmants,
Souple comme un roseau sous tes blancs vêtements,
Et faisant à tes bras, qu'autour de lui tu jettes,
Sonner tes bracelets où tintent des clochettes.
Puis, d'une voix pareille aux chansons des oiseaux

Quand l'aube les éveille en leurs nids doux et chauds,
Ou comme le bruit clair des sources fugitives,
Tu lui dis de ta bouche humide, aux couleurs vives
— Me voici, me voici, mon bien-aimé! j'accours.
Depuis hier, ami, j'ai compté mille jours!
Jamais contre mes vœux l'heure ne fut plus lente.
Mais à peine ai-je vu, de sa lueur tremblante,
Une étoile argenter l'azur du ciel profond,
J'ai délaissé ma natte et notre enclos, d'un bond!
L'antilope aux jarrets légers courait moins vite.
Mais ton visage est triste, et ton regard m'évite!
Tu pleures! Est-ce moi qui fais couler tes pleurs?
Réponds-moi! mes baisers guériront tes douleurs.
Parle, pourquoi pleurer? Souviens-toi que je t'aime,
Plus que mon père et plus que ma mère elle-même! —
Et de ses beaux bras nus elle fit doucement
Un tiède collier d'ambre au cou de son amant,
Inquiète, cherchant à deviner sa peine,
Et posant au hasard sa bouche sur la sienne.
Lui, devant tant de grâce et d'amour hésitant,
Se taisait, le front sombre et le cœur palpitant.
Mais bientôt, débordant d'angoisse et d'amertume,
Il répondit: — Çanta! qu'un jour encor s'allume,
Il me verra mourir. Quand l'ombre descendra,
Je répandrai mon sang sur le pilier d'Indra.
Mon père vénéré, heureux soit-il sans cesse!
Au couteau du Brahmane a vendu ma jeunesse:
Je tiendrai sa parole. O ma vie, ô ma sœur,
Viens, viens, regarde-moi! L'aube a moins de douceur

Que tes yeux, et l'eau vive est moins limpide et pure,
Quand ils rayonnent sous ta noire chevelure ;
Et le son de ta voix m'enivre et chante mieux
Que la blanche Apsara sous le figuier des Dieux !
Oh ! parle-moi ! Ta bouche est comme la fleur rose
Qu'un baiser du soleil enflamme à peine éclose,
La fleur de l'açoka dont l'arome est de miel,
Où les blonds bengalis boivent l'oubli du ciel !
Oh ! que je presse encor tes lèvres parfumées,
Qui pour toujours, hélas ! me vont être fermées !
Et, puisque j'ai vécu le jour de mon bonheur,
Pour la dernière fois viens pleurer sur mon cœur ! —

Comme on voit la gazelle en proie au trait rapide
Rouler sur l'herbe épaisse et de son sang humide,
Clore ses yeux en pleurs, palpiter et gémir,
La pâle jeune fille, avec un seul soupir,
Aux pieds de son amant tomba froide et pâmée.
Épouvanté, baisant sa lèvre inanimée,
Çunacépa lui dit : — O Çanta, ne meurs pas ! —
Il souleva ce corps charmant entre ses bras,
Et de mille baisers et de mille caresses
Il réchauffa son front blanc sous ses noires tresses.
— Ne meurs pas ! ne meurs pas ! Je t'aime, écoute-moi :
Je ne pourrai jamais vivre ou mourir sans toi ! —
Elle entr'ouvrit les yeux, et des larmes amères,
Brûlantes, aussitôt emplirent ses paupières :
— Viens, ô mon bien-aimé ! fuyons ! le monde est grand.
Nous suivrons la ravine où gronde le torrent ;

Sur la ronce et l'épine, à travers le bois sombre,
Nul regard ennemi ne nous suivra dans l'ombre.
Hâtons-nous. La nuit vaste enveloppe les cieux.
Je connais les sentiers étroits, mystérieux,
Qui conduisent du fleuve aux montagnes prochaines.
Les grands tigres rayés y rôdent par centaines ;
Mais le tigre vaut mieux que l'homme au cœur de fer !
Viens ! fuyons sans tarder, si mon amour t'est cher. —

Çunacépa, pensif, et se baissant vers elle,
La regardait. Jamais il ne la vit si belle.
Avec ses longs yeux noirs de pleurs étincelants,
Et ses bras de lotus enlacés et tremblants,
Ses lèvres de corail, et flottant sur sa joue
Ses longs cheveux épars que la douleur dénoue.

— Les Dieux savent pourtant si je t'aime, ô Çanta !
Mais que dirait le Roi, fils de Daçaratha ?
Qu'un Brahmane a volé cent mille belles vaches,
Et qu'il a pour enfants des menteurs et des lâches ?
Non, non ! mieux vaut mourir. J'ai promis, je tiendrai.
Le vieux Radjah m'attend ; encore un jour, j'irai,
Et le sang jaillira par flots purs de mes veines !
Taris tes pleurs, enfant ; cessons nos plaintes vaines ;
Aimons-nous ! L'heure vole et ne revient jamais !
Et, quand mes yeux éteints seront clos désormais,
O fleur de mon printemps, sois toujours adorée !
Parfume encor la terre où je t'ai respirée !

— Tu veux mourir, dit-elle, et tu m'aimes ! Eh bien,
Le couteau dans ton cœur rencontrera le mien !
Je te suivrai. Mes yeux pourraient-ils voir encore
Le monde s'éveiller, désert à chaque aurore ?
C'est par toi que, l'oreille ouverte aux bruits joyeux,
J'écoutais les oiseaux qui chantaient dans les cieux,
Par toi que la verdeur de la vallée enivre,
Par toi que je respire et qu'il m'est doux de vivre... —

Et des sanglots profonds étouffèrent sa voix.

Alors un grand Oiseau, qui planait sur les bois,
Comme un nuage noir aux voûtes éternelles,
Sur un palmier géant vint replier ses ailes.
De ses larges yeux d'or la prunelle flambait
Et dardait un éclair dans la nuit qui tombait,
Et de son dos puissant les plumes hérissées
Faisaient dans le silence un bruit d'armes froissées.
Puis vers les deux amants, qu'il semblait contempler,
Il se pencha d'en haut et se mit à parler :

— Ne vous effrayez pas de mon aspect sauvage ;
Je suis inoffensif et vieux, si ce n'est sage.
C'est moi qui combattis autrefois dans le ciel
Le maitre de Lanka, le Rakças immortel,
Lorsqu'en un tourbillon, plein de désirs infâmes,
Il enlevait Sita, la plus belle des femmes.
De mes serres d'airain et de mon bec de fer
Je fis pleuvoir sanglants des lambeaux de sa chair !

Mais il me brisa l'aile et ravit sa victime.
Et moi, comme un roc lourd roulant de cime en cime,
Je crus mourir. Enfants, je suis l'antique Roi
Des vautours. J'ai pitié de vous; écoutez-moi.
Quand Sûryâ des monts enflammera la crête,
Cherchez dans la forêt Viçvamitra l'ascète,
Dont les austérités terribles font un Dieu.
Lui seul peut te sauver, fils du Brahmane. Adieu! —

Et, repoussant du pied les palmes remuées,
Il déploya son vol vers les hautes nuées.

v

La Nuit divine, enfin, dans l'ampleur des cieux clairs,
Avec sa robe noire aux plis brodés d'éclairs,
Son char d'ébène et d'or, attelé de cavales
De jais et dont les yeux sont deux larges opales,
Tranquille et déroulant au souffle harmonieux
De l'espace, au-dessus de son front glorieux,
Sa guirlande étoilée et l'écharpe des nues,
Descendit dans les mers des Dêvas seuls connues;
Et l'Est devint d'argent, puis d'or, puis flamboya,
Et l'univers encor reconnut Sûryâ!

A travers la forêt profonde et murmurante,
Où sous les noirs taillis jaillit la source errante;

Où comme le reptile, en de souples détours,
La liane aux cent nœuds étreint les rameaux lourds,
Et laisse, du sommet des immenses feuillages,
Pendre ses fleurs de pourpre au milieu des herbages ;
Par les sentiers de mousse épaisse et de rosiers,
Où les lézards aux dos diaprés, par milliers,
Rôdent furtifs et font crier la feuille sèche ;
Dans les fourrés d'érable où, comme un vol de flèche,
L'antilope aux yeux bleus, l'oreille au vent, bondit ;
Où l'œil du léopard par instants resplendit ;
Tous deux, le cœur empli d'espérance et de crainte,
Cherchaient Viçvamitra dans sa retraite sainte.
Et quand le jour, tombant des cimes du ciel bleu,
De l'éternelle voûte embrasa le milieu,
Loin de l'ombre, debout, dans une âpre clairière,
Ils le virent soudain baigné par la lumière.
Ses yeux creux que jamais n'a fermés le sommeil
Luisaient ; ses maigres bras brûlés par le soleil
Pendaient le long du corps ; ses jambes décharnées,
Du milieu des cailloux et des herbes fanées,
Se dressaient sans ployer comme des pieux de fer
Ses ongles recourbés s'enfonçaient dans la chair ;
Et sur l'épaule aiguë et sur l'échine osseuse
Tombait jusqu'aux jarrets sa chevelure affreuse,
Inextricable amas de ronces, noir réseau
De fange desséchée et de fientes d'oiseau,
Où, comme font les vers dans la vase mouvante
S'agitait au hasard la vermine vivante,
Peuple immonde, habitant de ce corps endurci,

Et nourri de son sang inerte. C'est ainsi
Que, gardant à jamais sa rigide attitude,
Il rêvait comme un Dieu fait d'un bloc sec et rude.

Çanta, le sein ému d'une pieuse horreur,
Frémit; mais le jeune homme, aguerrissant son cœur,
Parla, plein de respect: — Viçvamitra, mon père,
Je ne viens point à toi dans une heure prospère:
Le Destin noir me suit comme un cerf aux abois.
Jeunesse, amour, bonheur, et la vie à la fois,
Je perds tout. Sauve-moi. Je sais qu'à ta parole
Le ciel devient plus sombre ou l'orage s'envole.
Tu peux, par la vertu des incantations,
Alléger le fardeau des malédictions;
Tu peux, sans altérer l'implacable justice,
Émousser sur mon cœur le fer du sacrifice.
Réponds donc. Si le Roi des vautours a dit vrai,
Tu feras deux heureux, mon père, et je vivrai. —

Et l'Ascète immobile écoutait sans paraître
Entendre. Et le jeune homme étonné reprit: — Maître,
Ne répondras-tu point? — Et le maigre vieillard
Lui dit, sans abaisser son morne et noir regard:
— Réjouis-toi, mon fils! bien qu'il soit vain de rire
Ou de pleurer, et vain d'aimer ou de maudire.
Tu vas sortir, sacré par l'expiation,
Du monde obscur des sens et de la passion,
Et franchir, jeune encor, la porte de lumière
Par où tu plongeras dans l'Essence première.

La vie est comme l'onde où tombe un corps pesant:
Un cercle étroit s'y forme, et va s'élargissant,
Et disparaît enfin dans sa grandeur sans terme.
La Mâyâ te séduit; mais, si ton cœur est ferme,
Tu verras s'envoler comme un peu de vapeur
La colère, l'amour, le désir et la peur;
Et le Monde illusoire aux formes innombrables
S'écroulera sous toi comme un monceau de sables.

— O sage! si mon cœur est faible et déchiré,
Je ne crains rien pour moi, sache-le. Je mourrai,
Comme si j'étais fait ou d'airain ou de pierre,
Sans pâlir ni pousser la plainte et la prière
Du lâche ou du Çudra. Mais j'aime et suis aimé!
Vois cette fleur des bois dont l'air est embaumé,
Ce rayon enchanté qui plane sur ma vie,
Dont ma paupière est pleine et jamais assouvie!
Mon sang n'est plus à moi : Çanta meurt si je meurs! —

Et Viçvamitra dit: — Les flots pleins de rumeurs
Que le vent roule et creuse et couronne d'écume,
Les forêts qu'il secoue et heurte dans la brume,
Les lacs que l'Asura bat d'un noir aileron
Et dont les blancs lotus sont souillés de limon,
Et le ciel où la foudre en rugissant se joue,
Sont tous moins agités que l'homme au cœur de boue.
Va! le monde est un songe et l'homme n'a qu'un jour,
Et le néant divin ne connaît pas l'amour! —

Çunacépa lui dit : — C'est bien. Je te salue,
Mon père, et je t'en crois; ma mort est résolue;
Et trop longtemps, vain jouet des brèves passions,
J'ai disputé mon âme aux Incarnations.
Mais, par tous les Dêvas, ô sage, elle est si belle!
Taris ses pleurs amers, prie et veille pour elle,
Afin que je m'endorme en bénissant ton nom. —
Alors Çanta, les yeux étincelants : — Oh! non,
Maître! non, non! tu veux éprouver son courage!
La divine bonté brille sur ton visage;
Secours-le, sauve-moi! J'embrasse tes genoux,
Mon père vénérable et cher! vivre est si doux!
Puissent les Dieux qui t'ont donné la foi suprême
T'accueillir en leur sein! Vois, je suis jeune et j'aime! —
Telle Çanta, le front prosterné, sanglotait;
Et l'Ascète, les yeux dans l'espace, écoutait :

— J'entends chanter l'oiseau de mes jeunes années,
Dit-il, et l'épaisseur des forêts fortunées
Murmure comme aux jours où j'étais homme encor.
Ai-je dormi cent ans, gardant tel qu'un trésor
Le souvenir vivant des passions humaines?
D'où vient que tout mon corps frémit, et que mes veines
Sentent brûler un sang glacé par tant d'hivers!
Mais assez, ô Mâyâ, source de l'univers!
C'est assez, j'ai vécu. Pour toi, femme, pareille
A l'Apsara qui court sur la mousse vermeille,
Et toi, fils du Brahmane, écoutez et partez,
Et ne me troublez plus dans mes austérités.

Dès qu'au pilier fatal, sous des liens d'écorce,
Les sacrificateurs auront dompté ta force,
Récite par sept fois l'hymne sacré d'Indra.
Aussitôt dans la nue un bruit éclatera
Terrible, et tes liens se briseront d'eux-mêmes ;
Et les hommes fuiront, épouvantés et blêmes ;
Et le sang d'un cheval calmera les Dêvas ;
Et si tu veux souffrir encore, tu vivras !
Adieu. Je vais rentrer dans l'éternel silence,
Comme une goutte d'eau dans l'Océan immense. —

VI

Le siège est d'or massif, et d'or le pavillon
Du vieux Maharadjah. L'image d'un lion
Flotte, en flamme, dans l'air, et domine la fête.
Dix colonnes d'argent portent le large faîte
Du trône où des festons brodés de diamants
Pendent aux angles droits en clairs rayonnements.
Sur les degrés de nacre où la perle étincelle
La pourpre en plis soyeux se déploie et ruisselle ;
Et mille Kchatryas, grands, belliqueux, armés,
Tiennent du pavillon tous les abords fermés.
En face, fait de pierre et de forme cubique,
L'autel est préparé selon le rite antique,
Surmonté d'un pilier d'airain et d'un bœuf blanc
Aux quatre cornes d'or. D'un accent grave et lent

Le Brahmane qui doit égorger la victime
Murmure du Sama la formule sublime,
Et les prêtres courbés récitent à leur tour
Cent prières du Rig, cent vers de l'Yadjour.
Et dans la plaine immense un peuple infini roule
Comme les flots. Le sol tremble au poids de la foule.
Les hommes au sang pur, au corps blanc, aux yeux fiers,
Qui vivent sur les monts et sur le bord des mers,
Et tendent l'arc guerrier avec des mains robustes;
Et la race au front noir, maudite des Dieux justes,
Dévouée aux Rakças et qui hante les bois;
Tous, pour le sacrifice, accourent à la fois,
Et font monter au ciel, d'une voix éclatante,
Les clameurs de la joie et d'une longue attente.

Les cymbales de cuivre et la conque aux bruits sourds,
Et la vîna perçante et les rauques tambours,
Vibrant, grondant, sifflant, résonnent dans la plaine,
Et les peuples muets retiennent leur haleine.
C'est l'heure. Le Brahmane élève au ciel les bras,
Et la victime offerte avance pas à pas.
Le jeune homme au front ceint de lotus, calme et pâle,
Monte sans hésiter sur la pierre fatale;
Tous ses membres roidis sont liés au poteau,
Et le prêtre en son sein va plonger le couteau.
Alors il se souvient des paroles du sage :
Il prie Indra qui siège et gronde dans l'orage,
Et sept fois l'hymne saint, que tous disent en chœur,
Fait hésiter le fer qui doit percer son cœur.

Tout à coup, des sommets du ciel plein de lumière,
La foudre inattendue éclate sur la pierre;
L'airain du pilier fond en ruisseaux embrasés.
Çunacépa bondit; ses liens sont brisés,
Il est libre! A travers la foule épouvantée,
Il fuit comme la flèche à son but emportée.
Aussitôt le soleil rayonne, et sur le flanc
Un étalon fougueux, dont tout le poil est blanc,
Tombe, les pieds liés, hennit, et le Brahmane
Offre son sang au Dieu de qui la foudre émane.

VII

O rayon de soleil égaré dans nos nuits,
O bonheur! le moment est rapide où tu luis,
Et quand l'illusion qui t'a créé t'entraîne,
Un plus amer souci consume l'âme humaine;
Mais quels pleurs répandus, quel mal immérité,
Peuvent jamais payer ta brève volupté!

L'air sonore était frais et plein d'odeurs divines.
Les bengalis au bec de pourpre, aux ailes fines,
Et les verts colibris et les perroquets bleus,
Et l'oiseau diamant, flèche au vol merveilleux,
Dans les buissons dorés, sur les figuiers superbes,
Passaient, sifflaient, chantaient. Au sein des grandes herbes

Un murmure joyeux s'exhalait des halliers ;
Autour du miel des fleurs, les essaims familiers,
Délaissant les vieux troncs aux ruches pacifiques,
S'empressaient ; et partout, sous les cieux magnifiques,
Avec l'arome vif et pénétrant des bois,
Montait un chant immense et paisible à la fois.
Sur son cœur enivré pressant sa bien-aimée,
Réchauffant de baisers sa lèvre parfumée,
Çunacépa sentait, en un rêve enchanté,
Déborder le torrent de sa félicité !
Et Çanta l'enchaînait d'une invincible étreinte!
Et rien n'interrompait, durant cette heure sainte
Où le temps n'a plus d'aile, où la vie est un jour,
Le silence divin et les pleurs de l'amour.

La Vision de Brahma

Tandis qu'enveloppé des ténèbres premières,
Brahma cherchait en soi l'origine et la fin,
La Máyâ le couvrit de son réseau divin,
Et son cœur sombre et froid se fondit en lumières.

Aux pics du Kaîlaça, d'où l'eau vive et le miel
Filtrent des verts figuiers et des rouges érables,
D'où le saint Fleuve verse en courbes immuables
Ses cascades de neige à travers l'arc-en-ciel;

Parmi les coqs guerriers, les paons aux belles queues,
L'essaim des Apsaras qui bondissaient en chœur,
Et le vol des Esprits bercés dans leur langueur,
Et les riches oiseaux lissant leurs plumes bleues;

Sur sa couche semblable à l'écume du lait,
Il vit Celui que nul n'a vu, l'Ame des âmes,
Tel qu'un frais nymphéa dans une mer de flammes
D'où l'Être en millions de formes ruisselait:

Hâri, le réservoir des inertes délices,
Dont le beau corps nageait dans un rayonnement,
Qui méditait le monde, et croisait mollement
Comme deux palmiers d'or ses vénérables cuisses.

De son parasol rose en guirlandes flottaient
Des perles et des fleurs parmi ses tresses brunes,
Et deux cygnes, brillants comme deux pleines lunes,
Respectueusement de l'aile l'éventaient.

Sur sa lèvre écarlate, ainsi que des abeilles,
Bourdonnaient les Védas, ivres de son amour ;
Sa gloire ornait son col et flamboyait autour ;
Des blocs de diamant pendaient à ses oreilles.

A ses reins verdoyaient des forêts de bambous ;
Des lacs étincelaient dans ses paumes fécondes ;
Son souffle égal et pur faisait rouler les mondes
Qui jaillissaient de lui pour s'y replonger tous.

Un Açvatha touffu l'abritait de ses palmes ;
Et, dans la bienheureuse et sainte Inaction,
Il se réjouissait de sa perfection,
Immobile, les yeux resplendissants, mais calmes.

Oh! qu'il était aimable à voir, l'Être parfait,
Le Dieu jeune, embelli d'inexprimables charmes,
Celui qui ne connaît les désirs ni les larmes,
Par qui l'Insatiable est enfin satisfait !

Comme deux océans, troubles pour les profanes,
Mais, pour les cœurs pieux, miroirs de pureté,
Abîmes de repos et de sérénité,
Que ses yeux étaient doux, qu'ils étaient diaphanes

A son ombre, le sein parfumé de çantal,
Mille vierges, au fond de l'étang circulaire,
Semblaient, à travers l'onde inviolée et claire,
Des colombes d'argent dans un nid de cristal.

De bleus rayons baignaient leurs paupières mi-closes;
Leurs bras polis tintaient sous des clochettes d'or ;
Et leurs cheveux couvraient d'un souple et noir trésor
La neige de leur gorge où rougissaient des roses.

Dans l'onde où le Lotus primitif a fleuri,
Assises sur le sable aux luisantes coquilles,
Telles apparaissaient ces mille belles filles,
Frais et jeunes reflets du suprême Hâri.

A la droite du Dieu, penché sur ses cavales,
L'ardent Archer faisait sonner le plein carquois;
Et l'Aurore guidait du bout de ses beaux doigts
L'attelage aux grands yeux, aux poils roses et pâles.

A gauche, un Géant pourpre et sinistre, portant
Des crânes chevelus en ceinture à ses hanches,
L'œil creux, triste, affamé, grinçant de ses dents blanches,
Broyait et dévorait l'Univers palpitant.

Sous les pieds de Hâri, la mer, des vents battue,
Gonflait sa houle immense et secouait les monts,
Remuant à grand bruit ses forêts de limons
Sur le dos âpre et dur de l'antique Tortue.

Et la Terre étalait ses végétations
Où tigres et pythons poursuivaient les gazelles,
Et ses mille cités où les races mortelles
Germaient, mêlant le rire aux lamentations.

Mais Brahma, dès qu'il vit l'Être-principe en face,
Sentit comme une force irrésistible en lui,
Et la concavité de son crâne ébloui
Reculer, se distendre, et contenir l'espace.

Les constellations jaillirent de ses yeux;
Son souffle condensa le monceau des nuées;
Il entendit monter les sèves déchaînées
Et croître dans son sein l'Océan furieux.

Sagesse et passions, vertus, vices des hommes,
Désirs, haines, amours, maux et félicité,
Tout rugit et chanta dans son cœur agité :
Il ne dit plus : Je suis! mais il pensa : Nous sommes!

Ainsi, devant le Roi des monts Kalatçalas,
Qui fait s'épanouir les mondes sur sa tige,
Brahma crut, dilaté par l'immense vertige,
Que son cerveau divin se brisait en éclats.

Puis, abaissant les yeux, il dit : — Maître des maîtres,
Dont la force est interne et sans borne à la fois,
Je ne puis concevoir, en sa cause et ses lois,
Le cours tumultueux des choses et des êtres.

S'il n'est rien, sinon toi, Hâri, suprême Dieu !
Si l'univers vivant en toi germe et respire ;
Si rien sur ton essence unique n'a d'empire,
L'action, ni l'état, ni le temps, ni le lieu ;

D'où vient qu'aux cieux troublés ta force se déchaîne ?
D'où vient qu'elle bondisse et hurle avec les flots ?
D'où vient que, remplissant la terre de sanglots,
Tu souffres, ô mon Maître, au sein de l'âme humaine ?

Et moi, moi qui, durant mille siècles, plongé
Comme un songe mauvais dans la Nuit primitive,
Porte un doute cuisant que le désir ravive,
Ce mal muet toujours, toujours interrogé ;

Qui suis-je ? Réponds-moi, Raison des Origines !
Suis-je l'âme d'un monde errant par l'infini,
Ou quelque antique Orgueil, de ses actes puni,
Qui ne peut remonter à ses sources divines ?

C'est en vain qu'explorant mon cœur de toutes parts,
J'excite une étincelle en sa cavité sombre...
Mais je pressens la fin des épreuves sans nombre,
Puisque ta Vision éclate à mes regards.

Change en un miel divin mon immense amertume ;
Parle, fixe à jamais mes vœux irrésolus,
Afin que je m'oublie et que je ne sois plus,
Et que la vérité m'absorbe et me consume. —

Il se tut, et l'Esprit suprême, l'Être pur,
Fixa sur lui ses yeux d'où naissent les Aurores ;
Et du rouge contour de ses lèvres sonores
Un rire éblouissant s'envola dans l'azur.

Et les vierges du lit nacré de l'eau profonde,
D'un mouvement joyeux troublèrent en nageant
Ce bleu rideau marbré d'une écume d'argent,
Et parmi les lotus se bercèrent sur l'onde.

L'Açvatha, du pivot au sommet, frissonna,
Agitant sur Hâri ses palmes immortelles ;
Les cygnes réjouis battirent des deux ailes,
Et le Parasol rose au-dessus rayonna.

Sûryâ fit cabrer les sept cavales rousses,
Rétives sous le mors, au zénith enflammé ;
Et l'Aurore arrêta dans le ciel parfumé
Les vaches du matin, patientes et douces.

Tel que des lueurs d'or dans la vapeur du soir,
Chaque Esprit entr'ouvrit ses ailes indécises ;
La montagne oscillante exhala dans les brises
Ses aromes sacrés, comme d'un encensoir.

Les Apsaras, rompant les chœurs au vol agile,
S'accoudèrent sur l'herbe où fleurit le saphir;
Le saint Fleuve en suspens cessa de retentir
Et se cristallisa dans sa chute immobile.

Un vaste étonnement surgit ainsi de tout
Quand Brahma se fut tu dans l'espace suprême:
Le Géant affamé, le Destructeur lui-même,
Interrompit son œuvre et se dressa debout.

Et voici qu'une Voix grave, paisible, immense,
Sans échos, remplissant les sept sphères du ciel,
La voix de l'Incréé parlant à l'Éternel,
S'éleva sans troubler l'ineffable silence.

Ce n'était point un bruit humain, un son pareil
Au retentissement de la foudre ou des vagues;
Mais plutôt ces rumeurs magnifiques et vagues
Qui circulent en vous, mystères du sommeil!

Or Brahma, haletant sous la Voix innommée
Qui pénétrait en lui, mais pour n'en plus sortir,
Sentit de volupté son cœur s'anéantir
Comme au jour la rosée en subtile fumée.

Et cette Voix disait : — Si je gonfle les mers,
Si j'agite les cœurs et les intelligences,
J'ai mis mon Énergie au sein des Apparences,
Et durant mon repos j'ai songé l'Univers.

Dans l'Œuf irrévélé qui contient tout en germe,
Sous mon souffle idéal je l'ai longtemps couvé ;
Puis, vigoureux, et tel que je l'avais rêvé,
Pour éclore, il brisa du front sa coque ferme.

Dès son premier élan, rude et capricieux,
Je lui donnai pour lois ses forces naturelles ;
Et, vain jouet des combats qui se livraient entre elles,
De sa propre puissance il engendra ses Dieux.

Indra roula sa foudre aux flancs des précipices ;
La mer jusques aux cieux multiplia ses bonds ;
L'homme fit ruisseler le sang des étalons
Sur la pierre cubique, autel des sacrifices.

Et moi, je m'incarnai dans les héros anciens ;
J'allai, purifiant les races ascétiques ;
Et, le cœur transpercé de mes flèches mystiques,
L'homme noir de Lanka rugit dans mes liens.

Toute chose depuis fermente, vit, s'achève ;
Mais rien n'a de substance et de réalité,
Rien n'est vrai que l'unique et morne Éternité :
O Brahma ! toute chose est le rêve d'un rêve.

La Mâyâ dans mon sein bouillonne en fusion,
Dans son prisme changeant je vois tout apparaître ;
Car ma seule Inertie est la source de l'Être :
La matrice du monde est mon Illusion.

C'est Elle qui s'incarne en ses formes diverses,
Esprits et corps, ciel pur, monts et flots orageux,
Et qui mêle, toujours impassible en ses jeux,
Aux sereines vertus les passions perverses.

Mais par l'inaction, l'austérité, la foi,
Tandis que, sans faiblir durant l'épreuve rude,
Toute vertu se fond dans ma béatitude,
Les noires passions sont distinctes en moi.

Brahma! tel est le rêve où ton esprit s'abîme.
N'interroge donc plus l'auguste Vérité :
Que serais-tu, sinon ma propre vanité
Et le doute secret de mon néant sublime? —

Et sur les sommets d'or du divin Kailaça,
Où nage dans l'air pur le vol des blancs génies,
L'inexprimable Voix cessant ses harmonies,
La Vision terrible et sainte s'effaça.

Hypatie

Au déclin des grandeurs qui dominent la terre,
Quand les cultes divins, sous les siècles ployés,
Reprenant de l'oubli le sentier solitaire,
Regardent s'écrouler leurs autels foudroyés ;

Quand du chêne d'Hellas la feuille vagabonde
Des parvis désertés efface le chemin,
Et qu'au delà des mers, où l'ombre épaisse abonde,
Vers un jeune soleil flotte l'esprit humain ;

Toujours des Dieux vaincus embrassant la fortune,
Un grand cœur les défend du sort injurieux :
L'aube des jours nouveaux le blesse et l'importune,
Il suit à l'horizon l'astre de ses aïeux.

Pour un destin meilleur qu'un autre siècle naisse
Et d'un monde épuisé s'éloigne sans remords :
Fidèle au songe heureux où fleurit sa jeunesse,
Il entend tressaillir la poussière des morts.

Les sages, les héros se lèvent pleins de vie !
Les poètes en chœur murmurent leurs beaux noms ;
Et l'Olympe idéal, qu'un chant sacré convie,
Sur l'ivoire s'assied dans les blancs Parthénons.

O vierge, qui, d'un pan de ta robe pieuse,
Couvris la tombe auguste où s'endormaient tes Dieux,
De leur culte éclipsé prêtresse harmonieuse,
Chaste et dernier rayon détaché de leurs cieux !

Je t'aime et te salue, ô vierge magnanime !
Quand l'orage ébranla le monde paternel,
Tu suivis dans l'exil cet Œdipe sublime,
Et tu l'enveloppas d'un amour éternel.

Debout, dans ta pâleur, sous les sacrés portiques
Que des peuples ingrats abandonnait l'essaim,
Pythonisse enchaînée aux trépieds prophétiques,
Les Immortels trahis palpitaient dans ton sein.

Tu les voyais passer dans la nue enflammée !
De science et d'amour ils t'abreuvaient encor ;
Et la terre écoutait, de ton rêve charmée,
Chanter l'abeille attique entre tes lèvres d'or.

Comme un jeune lotos croissant sous l'œil des sages,
Fleur de leur éloquence et de leur équité,
Tu faisais, sur la nuit moins sombre des vieux âges,
Resplendir ton génie à travers ta beauté !

Le grave enseignement des vertus éternelles
S'épanchait de ta lèvre au fond des cœurs charmés;
Et les Galiléens qui te rêvaient des ailes
Oubliaient leur Dieu mort pour tes Dieux bien aimés.

Mais le siècle emportait ces âmes insoumises
Qu'un lien trop fragile enchaînait à tes pas;
Et tu les voyais fuir vers les terres promises;
Mais toi, qui savais tout, tu ne les suivis pas!

Que t'importait, ô vierge, un semblable délire?
Ne possédais-tu pas cet idéal cherché?
Va! dans ces cœurs troublés tes regards savaient lire,
Et les Dieux bienveillants ne t'avaient rien caché.

O sage enfant, si pure entre tes sœurs mortelles!
O noble front, sans tache entre les fronts sacrés!
Quelle âme avait chanté sur des lèvres plus belles,
Et brûlé plus limpide en des yeux inspirés?

Sans effleurer jamais ta robe immaculée,
Les souillures du siècle ont respecté tes mains:
Tu marchais, l'œil tourné vers la Vie étoilée,
Ignorante des maux et des crimes humains.

Le vil Galiléen t'a frappée et maudite,
Mais tu tombas plus grande! Et maintenant, hélas!
Le souffle de Platon et le corps d'Aphrodite
Sont partis à jamais pour les beaux cieux d'Hellas

Dors, ô blanche victime, en notre âme profonde,
Dans ton linceul de vierge et ceinte de lotos ;
Dors ! l'impure laideur est la reine du monde,
Et nous avons perdu le chemin de Paros.

Les Dieux sont en poussière et la terre est muette :
Rien ne parlera plus dans ton ciel déserté.
Dors ! mais, vivante en lui, chante au cœur du poète
L'hymne mélodieux de la sainte Beauté !

Elle seule survit, immuable, éternelle.
La mort peut disperser les univers tremblants,
Mais la Beauté flamboie, et tout renaît en elle,
Et les mondes encor roulent sous ses pieds blancs !

Thyoné

I

O jeune Thyoné, vierge au regard vainqueur,
Aphrodite jamais n'a fait battre ton cœur,
Et des flèches d'Éros l'atteinte toujours sûre
N'a point rougi ton sein d'une douce blessure.
Ah! si les Dieux jaloux, vierge, n'ont pas formé
La neige de ton corps d'un marbre inanimé,
Viens au fond des grands bois, sous les larges ramures
Pleines de frais silence et d'amoureux murmures.
L'oiseau rit dans les bois, au bord des nids mousseux,
O belle chasseresse! et le vent paresseux
Berce du mol effort de son aile éthérée
Les larmes de la nuit sur la feuille dorée.
Compagne d'Artémis, abandonne tes traits;
Ne trouble plus la paix des sereines forêts,

Et, propice à ma voix qui soupire et qui prie,
De rose et de lotos ceins ta tempe fleurie.
O Thyoné ! l'eau vive où brille le matin,
Sur ses bords parfumés de cytise et de thym,
Modérant de plaisir son onde diligente
Où nage l'Hydriade et que l'Aurore argente,
D'un cristal bienheureux baignera tes pieds blancs!
Érycine t'appelle aux bois étincelants ;
Viens ! — L'abeille empressée et la brise joyeuse
Chantent aux verts rameaux du hêtre et de l'yeuse;
Et l'Aigipan moqueur, au seul bruit de tes pas,
Craindra de te déplaire et ne te verra pas.
O fière Thyoné, viens, afin d'être belle !
Un jour tu pleureras ta jeunesse rebelle...
Qu'il te souvienne alors de ce matin charmant,
De tes premiers baisers et du premier amant,
A l'ombre des grands bois, sous les larges ramures
Pleines de frais silence et d'amoureux murmures !

II

Du cothurne chasseur j'ai resserré les nœuds ;
Je pars, et vais revoir l'Araunos sablonneux
Où la prompte Artémis, par leurs cornes dorées,
Surprit au pied des monts les cinq biches sacrées.

J'ai, saisissant mon arc et mes traits éclatants,
Noué sur mon genou ma robe aux plis flottants.
Crains de suivre mes pas. Tes paroles sont belles,
Mais je sais que tu mens et qu'Éros a des ailes !
Artémis me sourit. Docile à ses désirs,
Je coulerai mes jours en de mâles plaisirs,
Et n'enchaînerai point d'amours efféminées
La force et la fierté de mes jeunes années.
D'autres vierges sans doute accueilleront tes vœux,
Qui du mol hyacinthe ornent leurs blonds cheveux,
Et qui, dansant au son des lyres ioniques,
Aux autels d'Érycine ont voué leurs tuniques.
Moi, j'aime, au fond des bois, loin des regards humains,
Le carquois sur l'épaule et les flèches en mains,
De la chaste Déesse intrépide compagne,
A franchir d'un pied sûr la plaine et la montagne.
Fière de mon courage, oubliant ma beauté,
Je veux qu'un lin jaloux garde ma nudité,
Et que ma flèche aiguë, au milieu des molosses,
Perce les grands lions et les biches véloces.
O jeune Phocéen au beau corps indolent,
Qui d'un frêle rameau charges ton bras tremblant,
Et n'as aiguillonné de cette arme timide
Que tes bœufs assoupis, épars dans l'herbe humide ;
Oses-tu bien aimer la compagne des Dieux,
Qui, dédaignant Éros et son temple odieux,
Dans les vertes forêts de la haute Ortygie
Déjà d'un noble sang a vu sa main rougie ?

III

Ne me dédaigne point, ô vierge! Un Immortel
M'a, sous ton noir regard, blessé d'un trait mortel.
Lorsque le chœur léger des jeunes chasseresses
Déroule au vent du soir le flot des souples tresses,
Que ton image est douce à mon cœur soucieux!
Toi seule n'aimes point sous la clarté des cieux.
Les Dieux même ont aimé, belle nymphe farouche!
Aux cimes du Lathmos, et le doigt sur la bouche,
Loin du nocturne char, solitaire, à pas lents,
Attentive aux doux bruits des feuillages tremblants,
On dit qu'une Déesse aux amours ténébreuses
Du pâle Endymion charma les nuits heureuses.
Ne me dédaigne point! Je suis jeune, et ma main
Ne s'est pas exercée au combat inhumain;
Mais sur la verte mousse accoudé dès l'aurore,
J'exhale un chant sacré de mon roseau sonore;
Les tranquilles forêts protègent mon repos;
Et les riches pasteurs aux superbes troupeaux,
Voyant que, pour dorer ma pauvreté bénie,
Les Dieux justes et bons m'ont donné le génie,
M'offrent en souriant, pour prix de mes leçons,
Les pesantes brebis et leurs beaux nourrissons.
Viens partager ma gloire: elle est douce et sereine.
Sous les halliers touffus, pour saluer leur reine,

Mes grands bœufs phocéens de plaisir mugiront.
De la rose des bois je ceindrai ton beau front.
Ils sont à toi, les fruits de mes vertes corbeilles,
Mes oiseaux familiers, mes coupes, mes abeilles,
Mes chansons, et ma vie ! O belle Thyoné,
Viens ! et je bénirai le Destin fortuné
Qui, loin de la Phocide et du toit de mes pères,
Au pasteur exilé gardait des jours prospères.

IV

Jeune homme, c'est assez. Au gré de leur désir,
Les Dieux donnent à l'un l'amour et le loisir,
A l'autre les combats. La liberté sacrée
Seule guide mon cœur et ma flèche acérée.
Garde ta paix si douce et tes dons, ô pasteur !
Et ta gloire frivole et ton roseau chanteur ;
Coule loin des périls d'inutiles années.
Mais moi je poursuivrai mes fières destinées ;
Fidèle à mon courage, errante et sans regrets,
Je finirai mes jours dans les vastes forêts,
Ou sur les monts voisins de la voûte éternelle,
Que l'aigle Olympien ombrage de son aile !
Et là, le lion fauve, ou le cerf aux abois,
Rougira de mon sang les verts sentiers des bois.
Ainsi j'aurai vécu sans connaître les larmes,
Les jalouses fureurs et les lâches alarmes.

Libre du joug d'Éros, libre du joug humain,
Je n'aurai point brûlé les flambeaux de l'hymen;
Sur le seuil nuptial les vierges assemblées
N'auront point murmuré les hymnes désolées,
Et jamais Ilythie avec impunité
N'aura courbé mon front et flétri ma beauté.
Aux bords de l'Isménos, mes compagnes chéries
Couvriront mon tombeau de couronnes fleuries;
Puis, autour de ma cendre entrelaçant leurs pas,
Elles appelleront qui ne les entend pas !
Vierge j'aurai vécu, vierge sera mon ombre;
Et quand j'aurai passé le Fleuve à l'onde sombre,
Quand le divin Hadès aux ombrages secrets
M'aura rendu mon arc, mon carquois et mes traits,
Artémis, gémissant et déchirant ses voiles,
Fixera mon image au milieu des étoiles !

Glaucé

I

Sous les grottes de nacre et les limons épais
Où la divine Mer sommeille et rêve en paix,
Vers l'heure où l'Immortelle aux paupières dorées
Rougit le pâle azur de ses roses sacrées,
Je suis née, et mes sœurs, qui nagent aux flots bleus.
M'ont bercée en riant dans leurs bras onduleux,
Et, sur la perle humide entrelaçant leurs danses,
Instruit mes pieds de neige aux divines cadences.
Et j'étais déjà grande, et déjà la beauté
Baignait mon souple corps d'une molle clarté.
Longtemps heureuse au sein de l'onde maternelle,
Je coulais doucement ma jeunesse éternelle ;
Les Sourires vermeils sur mes lèvres flottaient ;
Les Songes innocents de l'aile m'abritaient ;
Et les Dieux vagabonds de la mer infinie
De mon destin candide admiraient l'harmonie.

O jeune Klytios, ô pasteur inhumain,
Que Pan aux pieds de chèvre éleva de sa main,
Quand sous les bois touffus où l'abeille butine
Il enseigna Syrinx à ta lèvre enfantine,
Et, du flot cadencé de tes belles chansons,
Fit hésiter la Vierge au détour des buissons !
O Klytios ! sitôt qu'au golfe bleu d'Himère
Je te vis sur le sable où blanchit l'onde amère,
Sitôt qu'avec amour l'abîme murmurant
Eut caressé ton corps d'un baiser transparent,
Eros ! Éros perça d'une flèche imprévue
Mon cœur que sous les flots je cachais à sa vue.
O pasteur, je t'attends ! Mes cheveux azurés
D'algues et de corail pour toi se sont parés ;
Et déjà, pour bercer notre doux hyménée,
L'Euros fait palpiter la mer où je suis née.

II

Salut, vallons aimés, dans la brume tremblants !
Quand la chèvre indocile et les béliers blancs
Par vos détours connus, sous vos ombres si douces,
Dès l'aube sur mes pas paissent les vertes mousses ;
Que la terre s'éveille et rit, et que les flots
Prolongent dans les bois d'harmonieux sanglots ;

O Nymphe de la mer, Déesse au sein d'albâtre,
Des pleurs voilent mes yeux, et je sens mon cœur battre,
Et des vents inconnus viennent me caresser,
Et je voudrais saisir le monde et l'embrasser!
Hèlios resplendit : à l'abri des grands chênes,
Aux chants entrecoupés des Naïades prochaines,
Je repose, et ma lèvre, habile aux airs divins,
Sous les rameaux ombreux charme les Dieux sylvains.
Blonde fille des eaux, les vierges de Sicile
Ont émoussé leurs yeux sur mon cœur indocile;
Ni les seins palpitants, ni les soupirs secrets,
Ni l'attente incertaine et ses pleurs indiscrets,
Ni les baisers promis, ni les voix de sirène
N'ont troublé de mon cœur la profondeur sereine.
J'honore Pan qui règne en ces bois révérés,
J'offre un agreste hommage à ses autels sacrés;
Et Kybèle aux beaux flancs est ma divine amante :
Je m'endors en un pli de sa robe charmante,
Et, dès que luit aux cieux le matin argenté,
Sur les fleurs de son sein je bois la volupté!
Dis! si je t'écoutais, combien dureraient-elles,
Ces ivresses d'un jour, ces amours immortelles?
O Nymphe de la mer, je ne veux pas t'aimer!
C'est vous que j'aime, ô bois qu'un Dieu sait animer,
O matin rayonnant, ô nuit immense et belle!
C'est toi seule que j'aime, ô féconde Kybèle!

III

Viens, tu seras un Dieu! Sur ta mâle beauté
Je poserai le sceau de l'immortalité;
Je te couronnerai de jeunesse et de gloire;
Et sur ton sein de marbre, entre tes bras d'ivoire,
Appuyant dans nos jeux mon front pâle d'amour,
Nous verrons tomber l'ombre et rayonner le jour
Sans que jamais l'oubli, de son aile envieuse,
Brise de nos destins la chaîne harmonieuse.
J'ai préparé moi-même au sein des vastes eaux
Ta couche de cristal qu'ombragent des roseaux;
Et les Fleuves marins aux bleuâtres haleines
Baigneront tes pieds blancs de leurs urnes trop pleines.
O disciple de Pan, pasteur aux blonds cheveux,
Sur quels destins plus beaux se sont portés tes vœux?
Souviens-toi qu'un Dieu sombre, inexorable, agile,
Desséchera ton corps comme une fleur fragile...
Et tu le supplieras, et tes pleurs seront vains.
Moi, je t'aime, ô pasteur! et dans mes bras divins
Je sauverai du temps ta jeunesse embaumée.
Vois! d'un cruel amour je languis consumée,

Je puis nager à peine, et sur ma joue en fleur
Le sommeil en fuyant a laissé la pâleur.
Viens! et tu connaîtras les heures de l'ivresse!
Où les Dieux cachent-ils la jeune enchanteresse
Qui, domptant ton orgueil d'un sourire vainqueur,
D'un regard plus touchant amollira ton cœur?
Sais-tu quel est mon nom, et m'as-tu contemplée
Lumineuse et flottant sur ma conque étoilée?
N'abaisse point tes yeux. O pasteur insensé,
Pour qui méprises-tu les larmes de Glaucé?
Daigne m'apprendre, ô marbre à qui l'amour me lie,
Comme il faut que je vive, ou plutôt que j'oublie!

IV

O Nymphe! s'il est vrai qu'Éros, le jeune Archer,
Ait su d'un trait doré te suivre et te toucher;
S'il est vrai que des pleurs, blanche fille de l'onde,
Étincellent pour moi dans ta paupière blonde;
Que nul Dieu de la mer n'est ton amant heureux,
Que mon image flotte en ton rêve amoureux,
Et que moi seul enfin je flétrisse ta joue;
Je te plains! Mais Éros de notre cœur se joue,
Et le trait qui perça ton beau sein, ô Glaucé,
Sans même m'effleurer dans les airs a glissé.
Je te plains! Ne crois pas, ô ma pâle Déesse,

Que mon cœur soit de marbre et sourd à ta détresse,
Mais je ne puis t'aimer : Kybèle a pris mes jours,
Et rien ne brisera nos sublimes amours.
Va donc! et, tarissant tes larmes soucieuses,
Danse bientôt, légère, à tes noces joyeuses!...
Nulle vierge, mortelle ou Déesse, au beau corps,
N'a vos soupirs divins ni vos profonds accords,
O bois mystérieux, temples aux frais portiques,
Chênes qui m'abritez de rameaux prophétiques,
Dont l'arome et les chants vont où s'en vont mes pas,
Vous qu'on aime sans cesse et qui ne trompez pas,
Qui d'un calme si pur enveloppez mon être
Que j'oublie et la mort et l'heure où j'ai dû naître!
O nature, ô Kybèle, ô sereines forêts,
Gardez-moi le repos de vos asiles frais;
Sous le platane épais d'où le silence tombe,
Auprès de mon berceau creusez mon humble tombe;
Que Pan confonde un jour aux lieux où je vous vois
Mes suprêmes soupirs avec vos douces voix,
Et que mon ombre encore, à nos amours fidèle,
Passe dans vos rameaux comme un battement d'aile!

Hélène

I

HÉLÈNE, DÉMODOCE,
Chœur de Femmes.

DÉMODOCE.

O Muses, volupté des hommes et des Dieux,
Vous qui charmez d'Hellas les bois mélodieux,
Vierges aux lyres d'or, vierges ceintes d'acanthes,
Des sages vénérés nourrices éloquentes,
Muses, je vous implore! Et toi, divin Chanteur,
Qui des monts d'Éleuthèr habites la hauteur;
Dieu dont l'arc étincelle, ô roi de Lykorée,
Qui verses aux humains la lumière dorée;

Immortel dont la force environne Milet;
Si mes chants te sont doux, si mon encens te plaît,
Célèbre par ma voix, Dieu jeune et magnanime,
Hélène aux pieds d'argent, Hélène au corps sublime!

HÉLÈNE.

Cesse tes chants flatteurs, harmonieux ami.
D'un trouble inattendu tout mon cœur a frémi.
Réserve pour les Dieux, calmes dans l'Empyrée,
Ta louange éclatante et ta lyre inspirée.
La tristesse inquiète et sombre où je me vois
Ne s'est point dissipée aux accents de ta voix;
Et du jour où voguant vers la divine Krète
Atride m'a quittée, une terreur secrète,
Un noir pressentiment envoyé par les Dieux
Habite en mon esprit tout plein de ses adieux.

LE CHŒUR DE FEMMES.

O fille de Léda, bannis ces terreurs vaines;
Songe qu'un sang divin fait palpiter tes veines.
Honneur de notre Hellas, Hélène aux pieds d'argent,
Ne tente pas le sort oublieux et changeant.

HÉLÈNE.

Par delà les flots bleus, vers les rives lointaines
Quel dessein malheureux a poussé tes antennes,
Noble Atride? Que n'ai-je accompagné tes pas!
Peut-être que mes yeux ne te reverront pas!
Je te prie, ô Pallas, ô Déesse sévère,

Qui dédaignes Éros et qu'Athènes révère,
Vierge auguste, guerrière au casque étincelant,
Du parjure odieux garde mon cœur tremblant.
Et toi, don d'Aphrodite, ô flamme inassouvie,
Apaise tes ardeurs qui dévorent ma vie!

LE CHŒUR DE FEMMES.

Daigne sourire encore, et te plaire à nos jeux,
Reine! tu reverras ton époux courageux.
Déjà sur la mer vaste une propice haleine
Des bondissantes nefs gonfle la voile pleine,
Et les rameurs courbés sur les forts avirons
D'une mâle sueur baignent à flots leurs fronts.

HÉLÈNE.

Chante donc, et saisis ta lyre tutélaire,
Préviens des Immortels la naissante colère,
Doux et sage vieillard, dont les chants cadencés
Calment l'esprit troublé des hommes insensés.
Verse au fond de mon cœur, chantre de Maionie,
Ce partage des Dieux, la paix et l'harmonie.
Filles de Sparte, et vous, compagnes de mes jours,
De vos bras caressants entourez-moi toujours.

DÉMODOCE.

Terre au sein verdoyant, mère antique des choses,
Toi qu'embrasse Océan de ses flots amoureux,
Agite sur ton front tes épis et tes roses!
O fils d'Hypérion, éclaire un jour heureux!

Courbez, ô monts d'Hellas, vos prophétiques crêtes!
Lauriers aux larges fleurs, platanes, verts roseaux,
Cachez au monde entier, de vos ombres discrètes,
Le Cygne éblouissant qui flotte sur les eaux.

L'onde, dans sa fraîcheur, le caresse et l'assiège,
Et sur son corps sacré roule en perles d'argent;
Le vent souffle, embaumé, dans ses ailes de neige:
Calme et superbe, il vogue et rayonne en nageant.

Vierges, qui vous jouez sur les mousses prochaines,
Craignez les flèches d'or que l'Archer Délien
Darde, victorieux, sous les rameaux des chênes;
Des robes aux longs plis détachez le lien.

Le divin Eurotas, ô vierges innocentes,
Invite en soupirant votre douce beauté;
Il baise vos corps nus de ses eaux frémissantes,
Palpitant comme un cœur qui bat de volupté.

Terre au sein verdoyant, mère antique des choses,
Toi qu'embrasse Océan de ses flots amoureux,
Agite sur ton front tes épis et tes roses!
O fils d'Hypérion, éclaire un jour heureux!

Sur tes bras, ô Léda, l'eau joue et se replie,
Et sous ton poids charmant se dérobe à dessein;
Et le Cygne attentif, qui chante et qui supplie,
Voit resplendir parfois l'albâtre de ton sein.

Tes compagnes, ô Reine, ont revêtu sur l'herbe
Leur ceinture légère, et quitté les flots bleus.
Fuis le Cygne nageur, roi du fleuve superbe;
N'attache point tes bras à son col onduleux!

Tyndare, sceptre en main, songe, l'âme jalouse,
Sur le trône d'ivoire avec tristesse assis:
Il admire en son cœur l'image de l'Épouse,
Et tourne vers le fleuve un regard indécis.

Mais le large Eurotas, la montagne et la plaine
Ont frémi d'allégresse. O pudeur sainte, adieu!
Et l'amante du Cygne est la mère d'Hélène,
Hélène a vu le jour sous les baisers d'un Dieu!

Terre au sein verdoyant, mère antique des choses,
Toi qu'embrasse Océan de ses flots amoureux,
Agite sur ton front tes épis et tes roses!
O fils d'Hypérion, éclaire un monde heureux!

HÉLÈNE.

Vieillard, ta voix est douce; aucun son ne l'égale.
Telle chante au soleil la divine cigale,
Lorsque les moissonneurs, dans les blés mûrs assis,
Cessent pour l'écouter leurs agrestes récits.
Prends cette coupe d'or par Héphaistos forgée.
Jamais, de l'Ionie aux flots du grand Aigée,
Un don plus précieux n'a ravi les humains.

Hélène avec respect le remet dans tes mains.
O divin Démodoce, ô compagnon d'Atrée,
Heureux le favori de la Muse sacrée !
De sa bouche féconde en flots harmonieux
Coule un chant pacifique ; et les cœurs soucieux,
Apaisant de leurs maux l'amertume cruelle,
Goûtent d'un songe heureux la douceur immortelle.

II

UN MESSAGER.

O fille de Léda, sur un char diligent
Dont la roue est d'ivoire aux cinq rayons d'argent,
Un jeune Roi, portant sur son épaule nue
La pourpre qui jadis de Phrygie est venue,
Sur le seuil éclatant du palais arrêté,
Demande le repos de l'hospitalité.
Des agrafes d'argent retiennent ses knémides ;
Sur le casque d'airain aux deux cônes splendides
Ondule, belliqueux, le crin étincelant,
Et l'épée aux clous d'or résonne sur son flanc.

HÉLÈNE.

Servez l'orge aux coursiers. L'hôte qui nous implore
Nous vient des Immortels, et sa présence honore.
Dans ce palais qu'Atride à ma garde a commis
Que le noble Étranger trouve des cœurs amis !

LE CHŒUR DE FEMMES.

STROPHE

Heureux le sage assis sous le toit de ses pères,
L'homme paisible et fort, ami de l'étranger!
Il apaise la faim, il chasse le danger!
Il fait la part des Dieux dans ses destins prospères,
   Sachant que le sort peut changer!
Cher au fils de Kronos, sa demeure est un temple;
L'Hospitalité rit sur son seuil vénéré;
Et sa vie au long cours que la terre contemple
   Coule comme un fleuve sacré.

ANTISTROPHE.

Zeus vengeur, vigilant, roi de l'Olympe large,
Comme un pâle vieillard, marche dans les cités.
Il dit que les Destins et les Dieux irrités
L'ont ployé sous la honte et sous la lourde charge
   Des aveugles calamités.
Des pleurs baignent sa face, il supplie, il adjure...
Le riche au cœur de fer le repousse en tout lieu.
O lamentable jour, ineffaçable injure!
   Ce suppliant était un Dieu.

ÉPODE.

Couronné de printemps, chargé d'hivers arides,
Né d'un père héroïque ou d'un humble mortel,

Entre, qui que tu sois, au palais des Atrides;
De Pallas bienveillante embrasse en paix l'autel;
Reçois en souriant la coupe hospitalière
Où le vin étincelle et réjouit tes yeux;
  Et préside au festin joyeux,
   Le front ceint de rose et de lierre,
   Étranger qui nous viens des Dieux !

III

HÉLÈNE, DÉMODOCE, PARIS,
Chœur de Femmes, Chœur d'Hommes.

HÉLÈNE.

Oui, sois le bienvenu dans l'antique contrée
De Pélops, Étranger à la tête dorée !
Si le sort rigoureux t'a soumis aux revers,
Viens ! des cœurs bienveillants et droits te sont ouverts.
Mais, sans doute, en ton sein l'espérance fleurie
Habite encor. Dis-nous ton père et ta patrie.
Est-il un roi, pasteur de peuples? Que les Dieux
Gardent ses derniers jours des soucis odieux ;
Qu'il goûte longuement le repos et la joie !

PARIS.

J'ai respiré le jour dans l'éclatante Troie,
Dans la sainte Ilios, demeure des humains.

Les fils de Dardanos, fils de Zeus, de leurs mains
L'ont bâtie au milieu de la plaine féconde
Que deux fleuves divins arrosent de leur onde.
Mais Ilos engendra le grand Laomédon;
Lui, Priamos mon père; et Pâris est mon nom.

HÉLÈNE.

Sur le large océan à l'humide poussière,
N'as-tu point rencontré de trirème guerrière
Qui se hâte et revienne aux rivages d'Hellas?
Tes yeux n'ont-ils point vu le divin Ménélas?

PARIS.

Un songe éblouissant occupait ma pensée,
Reine, et toute autre image en était effacée.

HÉLÈNE.

Pardonne! Vers la Krète assise au sein des eaux,
Affrontant Poseidôn couronné de roseaux,
Mon époux, à la voix du sage Idoménée,
A soudain délaissé la couche d'hyménée
Et ce sombre palais où languissent mes jours;
Et les jalouses mers le retiennent toujours.

PARIS.

Des bords où le Xanthos roule à la mer profonde
Les tourbillons d'argent qui blanchissent son onde,
Soumis aux Immortels, sur les flots mugissants,
Je suis venu vers toi, femme aux nobles accents.

HÉLÈNE.

Étranger, qu'as-tu dit? Vers l'épouse d'Atride
Les Dieux auraient poussé ta trirème rapide!
Pour cet humble dessein tu quitterais les bords
Où tu naquis au jour, où tes pères sont morts,
Où, versant de longs pleurs, ta mère d'ans chargée
T'a vu fuir de ses yeux vers les ondes d'Aigée!

PARIS.

La patrie et le toit natal, l'amour pieux
De mes parents courbés par l'âge soucieux,
Ces vénérables biens, ô blanche Tyndaride,
N'apaisaient plus mon cœur plein d'une flamme aride.
O fille de Léda, pour toi j'ai tout quitté.
Écoute! je dirai l'auguste vérité.

Aux cimes de l'Ida, dans les forêts profondes
Où paissaient à loisir mes chèvres vagabondes,
A l'ombre des grands pins je reposais, songeur.
L'Aurore aux belles mains répandait sa rougeur
Sur la montagne humide et sur les mers lointaines;
Les Naïades riaient dans les claires fontaines,
Et la biche craintive et le cerf bondissant
Humaient l'air embaumé du matin renaissant.
Une vapeur soudaine, éblouissante et douce,
De l'Olympe sacré descendit sur la mousse;
Les grands troncs respectés de l'orage et des vents
Courbèrent de terreur leurs feuillages mouvants;

La source s'arrêta sur les pentes voisines,
Et l'Ida frémissant ébranla ses racines;
Et de sueurs baigné, plein de frissons pieux,
Pâle, je pressentis la présence des Dieux.

De ce nuage d'or trois Formes éclatantes,
Sous les plis transparents de leurs robes flottantes
Apparurent debout sur le mont écarté.
L'une, fière et superbe, avec sérénité
Dressa son front divin tout rayonnant de gloire,
Et croisant ses bras blancs sur son grand sein d'ivoire :
— Cher fils de Priamos, tu contemples Héré, —
Dit-elle; et je frémis à ce nom vénéré.
Mais d'une voix plus douce et pleine de caresses :
— O pasteur de l'Ida, juge entre trois Déesses.
Si le prix de beauté m'est accordé par toi,
Des cités de l'Asie un jour tu seras roi. —
L'autre, sévère et calme, et pourtant non moins belle
Me promit le courage et la gloire immortelle,
Et la force qui dompte et conduit les humains.
Mais la dernière alors leva ses blanches mains,
Déroula sur son cou de neige, en tresses blondes,
De ses cheveux dorés les ruisselantes ondes,
Dénoua sa ceinture, et sur ses pieds d'argent
Laissa tomber d'en haut le tissu négligent;
Et, muette toujours, du triomphe assurée,
Elle sourit d'orgueil dans sa beauté sacrée.
Un nuage à sa vue appesantit mes yeux,
Car la sainte Beauté dompte l'homme et les Dieux

Et, le cœur palpitant, l'âme encore interdite,
Je dis : — Sois la plus belle, ô divine Aphrodite ! —
La grande Héré, Pallas, plus promptes que l'éclair,
Comme un songe brillant disparurent dans l'air ;
Et Kypris : — O pasteur, que tout mortel envie,
De plaisirs renaissants je charmerai ta vie.
Va ! sur l'onde propice à ton heureux vaisseau,
Fuis Priamos ton père, Ilios ton berceau ;
Cherche Hellas et les bords où l'Eurotas rapide
Coule ses flots divins sous le sceptre d'Atride ;
Et la fille de Zeus, Hélène aux blonds cheveux,
J'en atteste le Styx ! accomplira tes vœux. —

LE CHŒUR DE FEMMES.

Ce récit merveilleux a charmé mon oreille.
A cette douce voix nulle voix n'est pareille.
Des Muses entouré, tel, le Roi de Délos
Mêle un hymne sonore au murmure des flots.
Serait-ce point un Dieu ? le Délien lui-même,
Le front découronné de sa splendeur suprême,
Noble Hélène, qui vient, cachant sa majesté,
D'un hommage divin honorer ta beauté ?

LE CHŒUR D'HOMMES.

STROPHE.

Descends des neiges de Kyllène,
O Pan, qui voles sur les eaux !
Accours, et d'une forte haleine
Emplis les sonores roseaux.

Viens ! de Nyse et de Gnosse inspire-moi les danses
    Et les rites mystérieux.
J'ai frémi de désir, j'ai bondi tout joyeux.
Il me plaît d'enchaîner les divines cadences,
O Pan ! Roi qui conduis le chœur sacré des Dieux !

ANTISTROPHE.

    Franchis les mers Icariennes,
    Jeune Hélios au char doré,
    Et que les lyres Déliennes
    Chantent sur un mode sacré !
Compagnes d'Artémis qui, dans les bois sauvages,
    Dansez sur les gazons naissants,
O nymphes, accourez de vos pieds bondissants !
Dieux vagabonds des mers, formez sur les rivages
Un chœur plein d'allégresse au bruit de mes accents !

ÉPODE.

    Vierges ceintes de laurier-rose,
    Dites un chant mélodieux ;
    Semez l'hyacinthe et la rose
    Aux pieds de la fille des Dieux !
    Vierges de Sparte, que la joie
    En molles danses se déploie !
    Faites couler l'huile et le vin !
    Effleurez le sol de vos rondes,
    Et dénouez vos tresses blondes
    Au souffle frais d'un vent divin !

HÉLÈNE.

Je rends grâces à ceux de qui je tiens la vie,
S'il faut qu'avec honneur je comble ton envie,
Jeune homme. Parle donc. La fille de Léda,
Et la reine de Sparte, ô pasteur de l'Ida,
Peut, de riches trésors emplissant ta nef vide,
Contenter les désirs de ta jeunesse avide.
Que réclame ton cœur ? Que demandent tes vœux ?
Mes étalons, ployant sur leurs jarrets nerveux,
Nourris dans les vallons et les plaines fleuries,
A cette heure couverts de chaudes draperies,
Hennissent en repos. Ils sont à toi, prends-les !
Prends cet autel sacré, gardien de mon palais,
Et l'armure éclatante et le glaive homicide
Que Pallas a remis entre les mains d'Atride ;
Prends ! et vers l'heureux bord où s'ouvrirent tes yeux
Guide à travers les flots tes compagnons joyeux.

PARIS.

Noble Hélène, mon père, en sa demeure immense,
Possède assez de gloire et de magnificence ;
Assez d'or et d'argent, vain désir des mortels,
Décorent de nos Dieux les éclatants autels.
Garde, fille de Zeus, tes richesses brillantes,
Et ce fer qui d'Atride arme les mains vaillantes,
Et cet autel d'airain à Pallas consacré.
Ce que je veux de toi, Reine, je le dirai,
Car le Destin commande, et je ne puis me taire :

Il faut abandonner Sparte, Atride et la terre
D'Hellas, et, sans tarder, à l'horizon des flots,
Suivre le Priamide aux murs sacrés d'Ilos.

HÉLÈNE.

Étranger ! si déjà de la maison d'Atrée
Tes pas audacieux n'eussent franchi l'entrée,
Si tu n'étais mon hôte, enfin, et si les Dieux
N'enchaînaient mon offense en un respect pieux,
Imprudent Étranger, tu quitterais sur l'heure
La belliqueuse Sparte, Hélène et la demeure
D'Atride ! Mais toujours un hôte nous est cher.
Tu n'auras pas en vain bravé la vaste mer
Et les vents orageux de la nue éternelle.
Viens donc. Le festin fume et la coupe étincelle ;
Viens goûter le repos. Mais, Étranger, demain
Des rives du Xanthos tu prendras le chemin !

IV

DÉMODOCE, Demi-chœur de Femmes, Demi-chœur d'Hommes.

LE CHŒUR DE FEMMES.

Dieux ! donnez-vous raison aux terreurs de la Reine ?
C'en est-il fait, ô Dieux, de notre paix sereine ?
Je tremble, et de mes yeux déjà remplis de pleurs,
Je vois luire le jour prochain de nos douleurs.

Dis-nous, sage vieillard aux mains harmonieuses,
O disciple chéri des Muses glorieuses,
O Démodoce, ami des Immortels, dis-nous
Si, loin de Sparte et loin de notre ciel si doux,
Nos yeux, nos tristes yeux, emplis d'une ombre noire,
Verront s'enfuir Hélène infidèle à sa gloire !

DÉMODOCE.

Les équitables Dieux, seuls juges des humains,
Dispensent les brillants ou sombres lendemains.
Ils ont scellé ma bouche, et m'ordonnent de taire
Leur dessein formidable en un silence austère.

LE CHŒUR D'HOMMES.

O vieillard, tu le sais, le Destin a parlé.
J'en atteste l'Hadès et l'Olympe étoilé !
Bannis de ton esprit le doute qui l'assiège.
Non, ce n'est point en vain, vierges aux bras de neige,
Que l'Immortelle née au sein des flots amers
A tourné notre proue à l'horizon des mers,
Et que durant dix jours nos rames courageuses
Ont soulevé l'azur des ondes orageuses.

LE CHŒUR DE FEMMES.

O cruelle Aphrodite ! et toi, cruel Éros !

LE CHŒUR D'HOMMES.

Enfant, roi de l'Olympe ! ô Reine de Paphos !

DÉMODOCE.

La jeunesse est crédule aux espérances vaines ;
Elle éblouit nos yeux et brûle dans nos veines ;
Et des Songes brillants le cortège vainqueur
D'un aveugle désir fait palpiter le cœur.

LE CHŒUR D'HOMMES.

STROPHE.

Divine Hébé, blonde Déesse,
La coupe d'or de Zeus étincelle en tes mains.
Salut, ô charme des humains,
Immortelle et douce Jeunesse !
Une ardente lumière, un air pur et sacré
Versent la vie à flots au cœur où tu respires :
Plein de rayons et de sourires,
Il monte et s'élargit dans l'Olympe éthéré !

ANTISTROPHE.

Les Jeux, les Rires et les Grâces,
Éros à l'arc d'ivoire, Aphrodite au beau sein,
Et les Désirs, comme un essaim,
Vont et s'empressent sur tes traces.
Le flot des mers pour toi murmure et chante mieux ;
Une lyre cachée enivre ton oreille ;
L'aube est plus fraîche et plus vermeille,
Et l'étoile nocturne est plus belle à tes yeux.

ÉPODE.

O vierge heureuse et bien aimée,
Ceinte des roses du printemps,
Qui, dans ta robe parfumée,
Apparus au matin des temps!
Ta voix est comme une harmonie;
Les violettes d'Ionie
Fleurissent sous ton pied charmant.
Salut, ô Jeunesse féconde,
Dont les bras contiennent le monde
Dans un divin embrassement!

DÉMODOCE.

Bienheureuse l'austère et la rude jeunesse
Qui rend un culte chaste à l'antique vertu!
Mieux qu'un guerrier de fer et d'airain revêtu,
Le jeune homme au cœur pur marche dans la sagesse.
Le myrte efféminé n'orne point ses cheveux;
Il n'a point effeuillé la rose Ionienne;
Mais sa bouche est sincère et sa face est sereine,
Et la lance d'Arès charge son bras nerveux.
En de mâles travaux ainsi coule sa vie.
Si parfois l'étranger l'accueille à son foyer,
Il n'outragera point l'autel hospitalier
Et respecte le seuil où l'hôte le convie.
Puis les rapides ans inclinent sa fierté;
Mais la vieillesse auguste ennoblit le visage!
Et qui vécut ainsi, peut mourir: il fut sage,
Et demeure en exemple à la postérité.

LE CHŒUR DE FEMMES.

Vierge Pallas, toujours majestueuse et belle,
Préserve-moi d'Éros ! A ton culte fidèle,
Dans la maison d'Hélène et dans la chasteté
Je fuirai du plaisir l'amère volupté.
Sous ton égide d'or, ô sereine Déesse,
Garde d'un souffle impur la fleur de ma jeunesse !

LE CHŒUR D'HOMMES.

Déesse, qui naquis de l'écume des mers,
Dont le rire brillant tarit les pleurs amers,
Aphrodite ! à tes pieds la terre est prosternée.
O mère des Désirs, d'Éros et d'Hyménée,
Ceins mes tempes de myrte, et qu'un hymne sans fin
Réjouisse le cours de mon heureux destin !

DÉMODOCE.

Le Désir est menteur, la Joie est infidèle.
Toi seule es immuable, ô Sagesse éternelle !
L'heure passe, et le myrte à nos fronts est fané ;
Mais l'austère bonheur que tu nous as donné,
Semblable au vaste mont qui plonge aux mers profondes
Demeure inébranlable aux secousses des ondes.

LE CHŒUR D'HOMMES.

Le souffle de Borée a refroidi vos cieux.
Oh ! combien notre Troie est plus brillante aux yeux !

Vierges, suivez Hélène aux rives de Phrygie,
Où le jeune Iakkhos mène la sainte Orgie,
Où la grande Kybèle au front majestueux,
Sur le dos des lions, fauves tueurs de bœufs,
Du Pactole aux flots d'or vénérable habitante,
Couvre plaines et monts de sa robe éclatante!

LE CHŒUR DE FEMMES.

O verts sommets du Taygète, ô beau ciel!
Dieux de Pélops, Dieux protecteurs d'Hélène!
Vents qui soufflez une si douce haleine
Dans les vallons du pays paternel!
Et vous, témoins d'un amour immortel,
Flots d'Eurotas, ornement de la plaine!

DÉMODOCE.

Étrangers, c'est en vain qu'en mots harmonieux
Vous caressez l'oreille et l'esprit curieux.
C'est assez. Grâce aux Dieux qui font la destinée,
Au sol de notre Hellas notre âme est enchaînée,
Et la terre immortelle où dorment nos aïeux
Est trop douce à nos cœurs et trop belle à nos yeux.
Les vents emporteront ta poussière inféconde,
Ilios! Mais Hellas illumine le monde!

V

HÉLÈNE, PARIS, DÉMODOCE,
Chœur de Femmes, Chœur d'Hommes.

HÉLÈNE.

Tes lèvres ont goûté le froment et le vin,
O Priamide ! Ainsi l'a voulu le Destin.
Du seuil hospitalier j'ai gardé la loi sainte.
Mais de Sparte déjà dorant la vaste enceinte,
L'Aurore a secoué ses roses dans l'azur,
L'étoile à l'horizon incline un front obscur,
Dans le large Eurotas ta trirème lavée
Sur les flots, par les vents, s'agite soulevée;
Va ! que Zeus te protège, et que les Dieux marins
T'offrent un ciel propice et des astres sereins !
Tu reverras l'Ida couronné de pins sombres,
Et les rapides cerfs qui paissent sous leurs ombres,
Et les fleuves d'argent, Simoïs et Xanthos,
Et tes parents âgés, et les remparts d'Ilos.
Heureux qui, sans remords et d'une âme attendrie,
Revoit les cieux connus et la douce patrie!

PARIS.

O blanche Tyndaride, ô fille de Léda,
Noble Hélène ! Aphrodite, au sommet de l'Ida,

A mes yeux transportés éblouissante et nue,
Moins sublime, apparut du milieu de la nue !
N'es-tu point Euphrosyne au corps harmonieux
Dont rêvent les humains et qu'admirent les Dieux?
Ou la blonde Aglaé dont les molles paupières
Enveloppent les cœurs d'un tissu de lumières ?
L'or de tes cheveux brûle, et tes yeux fiers et doux
Font palpiter le sein et courber les genoux.
Tes pieds divins sans doute ont foulé les nuées !
Les vierges de Phrygie aux robes dénouées,
Étoiles qui du jour craignent l'auguste aspect,
Vont pâlir devant toi d'envie et de respect.
Viens ! Aphrodite veut qu'aux bords sacrés de Troie
J'emporte avec orgueil mon éclatante proie !
Elle-même, prodigue en son divin secours,
De ma rapide nef a dirigé le cours.

HÉLÈNE.

O vous, fils du grand Zeus, Dioscures sublimes,
Qui de l'Olympe auguste illuminez les cimes,
Vous qui, levant la pique et le ceste guerrier,
Jadis avez conquis le divin bélier !
Chère gloire d'Hellas, amis de mon enfance,
Mes frères, entendez votre sœur qu'on offense !
Et toi, vierge Pallas, gardienne de l'hymen,
Qui portes l'olivier et la lance en ta main,
Vois combien ce regard me pénètre et m'enflamme !
Mets ta force divine, ô Pallas, dans mon âme ;
Soutiens mon lâche cœur dans ce honteux danger.

LE CHŒUR DE FEMMES.

Dieux, chassez de nos murs ce funeste Étranger !

PARIS.

Hélène aux pieds d'argent, des femmes la plus belle,
Mon cœur est dévoré d'une ardeur immortelle !

HÉLÈNE.

Je ne quitterai point Sparte aux nombreux guerriers,
Ni mon fleuve natal et ses roses lauriers,
Ni les vallons aimés de nos belles campagnes
Où danse et rit encor l'essaim de mes compagnes,
Ni la couche d'Atride et son sacré palais.
Crains de les outrager, Priamide ! fuis-les !
Sur ton large navire, au delà des mers vastes,
Fuis ! et ne trouble pas des jours calmes et chastes.
Heureux encor si Zeus, de ton crime irrité,
Ne venge mon injure et l'hospitalité !
Fuis donc, il en est temps ! Déjà sur l'onde Aigée,
Au mâle appel d'Hellas et d'Hélène outragée,
Le courageux Atride excite ses rameurs :
Regagne ta Phrygie, ou, si tu tardes, meurs !

PARIS.

La rose d'Ionie ornera ma trirème,
Et tu seras à moi, noble femme que j'aime !
Les Dieux me l'ont promis ; nous trompent-ils jamais ?

HÉLÈNE.

Ils m'en sont tous témoins, Étranger, je te hais!
Ta voix m'est odieuse et ton aspect me blesse.
O justes Dieux, grands Dieux! secourez ma faiblesse!
Je t'implore, ô mon père, ô Zeus! Ah! si toujours
J'ai vénéré ton nom de pieuses amours;
Fidèle à mon époux et vertueuse mère,
Si du culte d'Éros j'ai fui l'ivresse amère;
Souviens-toi de Léda, toi, son divin amant,
Mon père! et de mon sein apaise le tourment.
Permets qu'en son palais où Pallas le ramène
Le noble Atride encor puisse être fier d'Hélène.
O Zeus, ô mon époux, ô ma fille, ô vertu,
Sans relâche parlez à mon cœur abattu;
Calmez ce feu secret qui sans cesse m'irrite!
Je hais ce Phrygien, ce prêtre d'Aphrodite,
Cet hôte au cœur perfide, aux discours odieux...
Je le hais! Mais qu'il parte, et pour jamais!... Grands Dieux!
Je l'aime! C'est en vain que ma bouche le nie,
Je l'aime et me complais dans mon ignominie!

LE CHŒUR DE FEMMES.

O Reine, tes douleurs me pénètrent d'effroi!

LE CHŒUR D'HOMMES.

Tu triomphes, Éros, et Pâris avec toi!

LE CHŒUR DE FEMMES.

Éros! épargne Hélène, ou frappe-moi pour elle.

LE CHŒUR D'HOMMES.

Poursuis, divin Éros, dompte ce cœur rebelle.

LE CHŒUR DE FEMMES.

Aphrodite et Pallas, ô combat abhorré!
Se disputent Hélène et son cœur déchiré.

HÉLÈNE.

Ne cesserez-vous point, Destins inexorables,
D'incliner vers le mal les mortels misérables?

LE CHŒUR D'HOMMES.

Pleurs, combats insensés, inutiles efforts!
Tu résistes en vain, et les Dieux sont plus forts.

DÉMODOCE.

Toi, par qui la terre féconde
Gémit sous un tourment cruel,
Éros, dominateur du ciel,
Éros, Éros, dompteur du monde!
Par delà les flots orageux,
Par delà les sommets neigeux,
Plus loin que les plaines fleuries
Où les Nymphes, des Dieux chéries,
Mêlent leurs danses et leurs jeux,
Tu touches à tous les rivages;
Tu poursuis dans les bois sauvages

Les chasseresses aux pieds prompts ;
Tu troubles l'équité des sages
Et tu découronnes leurs fronts !
L'épouse, dans son cœur austère,
Durant le silence des nuits,
Sent glisser ton souffle adultère,
Et sur sa couche solitaire
Rêve, en proie aux brûlants ennuis.
Tout mortel aux jours éphémères,
De tes flèches sans cesse atteint,
A versé des larmes amères.
Jamais ta fureur ne s'éteint,
Jamais tu ne fermes tes ailes.
Tu frappes, au plus haut des cieux,
Les palpitantes Immortelles
D'un trait certain et radieux,
Et, réglant l'Éther spacieux,
Présidant aux lois éternelles,
Tu sièges parmi les grands Dieux,
Toi, par qui la terre féconde
Gémit sous un tourment cruel,
Éros, Éros, dompteur du monde,
Éros, dominateur du ciel !

PARIS.

Enfant divin, sois-moi favorable ! Attendrai-je
Que l'âge sur ma tête ait secoué sa neige
Et flétri pour jamais les roses et mon cœur ?
O volupté, nectar, enivrante liqueur,

O désir renaissant et doux, coupe de flamme,
Tu verses à la fois tout l'Olympe dans l'âme!

HÉLÈNE.

Heureuse qui peut vivre et peut mourir aux lieux
Où l'aurore première a réjoui ses yeux,
Et qui, de fils nombreux chaste mère entourée,
Laisse au fond de leurs cœurs sa mémoire honorée!
Mais quoi! ne suis-je plus Hélène? — Phrygien!
Atride est mon époux, ce palais est le sien...
Fuis! ne me réponds point. Je le veux, je l'ordonne!...
Mais je ne puis parler, la force m'abandonne,
Mon cœur cesse de battre, et déjà sous mes yeux
Roule le Fleuve noir par qui jurent les Dieux.

LE CHŒUR DE FEMMES.

O Zeus, secours au moins ta fille malheureuse!
O Pallas-Athéné, Déesse généreuse,
Viens, je t'implore! Rouvre à la douce clarté
Les yeux mourants d'Hélène. O jour, jour détesté,
Jour d'amères douleurs, de larmes, de ruine!
O funeste Étranger, vois la fille divine
De Zeus et de Léda! Remplissez nos remparts
De lamentations, guerriers, enfants, vieillards!...
Hélas! faut-il qu'Hélène aux pieds d'argent se meure!
Les Dieux, ô fils d'Atrée, ont frappé ta demeure.

PARIS.

Noble Hélène, reviens à la vie! et plains-moi.
J'ai causé ta colère et ton cruel effroi,

Et, troublant de ces lieux la paix chaste et sereine,
Offensé ton cœur fier et mérité ta haine ;
Mais la seule Aphrodite a dirigé mes pas :
Plains-moi, fille de Zeus, et ne me punis pas !
Plus grande est ta beauté, plus ta présence est douce,
Plus l'auguste respect me dompte et me repousse.
Pardonne ! je retourne en mon lointain pays.
Rebelle aux Immortels, je pars et t'obéis,
Heureux si ta pitié, par delà l'onde amère,
Suit durant un seul jour ma mémoire éphémère.
Fuyons ! Des pleurs amers s'échappent de mes yeux.
Noble Hélène, reçois mes suprêmes adieux ;
Salut, gloire d'Hellas, je t'aime et je t'honore !

HÉLÈNE.

Priamide divin, ton cœur est noble encore.
Sois heureux ! Je rends grâce au généreux dessein
Que ta jeune sagesse a fait naître en ton sein :
Il est digne des Dieux d'où sort ta race antique ;
Et se vaincre soi-même est d'un cœur héroïque !

VI

HÉLÈNE, DÉMODOCE,

Chœur de femmes.

STROPHE.

O charme du vaste Univers,
O terre de Pallas l'invincible Déesse,

Exhale un hymne d'allégresse,
Émeus l'Olympe au bruit de tes sacrés concerts !
Hellas ! ô belle Hellas, terre auguste et chérie,
Mes yeux ont vu pâlir ta gloire, ô ma patrie !
Mais Zeus a dissipé l'ombre vaine d'un jour ;
    Et de Pallas les mains paisibles
Brisent les traits d'Éros, si longtemps invincibles :
    La sagesse a vaincu l'amour !

ANTISTROPHE.

    Dieux propices aux matelots,
Sur les eaux de la mer soufflez, doux Éolides !
    Poussez nos trirèmes rapides
A travers l'étendue et l'écume des flots.
Reviens, ô fils d'Atrée, au berceau de tes pères,
Et poursuis l'heureux cours de tes destins prospères.
La fille de Léda, reine aux cheveux dorés,
    Honneur d'Hellas que Zeus protège,
O courageux époux, t'ouvre ses bras de neige
    Pour des embrassements sacrés !

ÉPODE.

    Ciel natal, lumière si douce,
De ton plus bel éclat resplendis à mes yeux !
O Nymphes aux pieds nus, sur un mode joyeux,
    Du Taygète foulez la mousse !
O Démodoce, chante un hymne harmonieux !
Aux sons des lyres d'or, en longues théories,
    Les tempes de roses fleuries,

Femmes de Sparte, allez vers les sacrés autels !
  Et que le sang pur des victimes
Et l'encens à longs flots et les chœurs magnanimes,
  Dans l'Olympe aux voûtes sublimes,
  Réjouissent les Immortels !

DÉMODOCE.

Interrompez vos chants, ô Vierges innocentes !
La sombre inquiétude et les peines cuisantes
Du front de notre Hélène assiègent la pâleur.
O Vierges, respectez sa secrète douleur !
De votre âge fleuri les tristesses légères
Se dissipent bientôt en vapeurs passagères,
Et de vos yeux brillants les doux pleurs sont pareils
Aux larmes de la Nuit sur les rameaux vermeils :
Prompts à naître, à tarir plus faciles encore.
Votre peine en rosée au soleil s'évapore,
O Vierges ! Mais le cœur où les Dieux ont passé
Garde longtemps le trait profond qui l'a blessé ;
Il se plaît à poursuivre une incessante image,
Et des pleurs douloureux sillonnent le visage.

HÉLÈNE.

Vieillard, le doux repos s'est éloigné de moi :
Mon lâche cœur est plein d'amertume et d'effroi.
Tu l'as dit, de ce cœur profonde est la blessure,
Et les Dieux de ma honte ont comblé la mesure.
Je l'avoue, — et mon front en rougit, tu le vois, —
Mon oreille a gardé le doux son de sa voix ;

De sa jeune fierté l'irrésistible grâce
A mes regards encore en songe se retrace...
Je l'aime !... Éros ! voilà de tes funestes jeux !...
Dis-moi que mon époux est sage et courageux,
Vieillard, et que sans doute, en mon âme abusée,
Un sombre rêve a mis cette image insensée ;
Dis-moi qu'Atride m'aime et qu'en ce dur moment
Il brave la tempête et le flot écumant,
Qu'il m'a commis l'honneur de sa vie héroïque,
Que je l'aime !... O douleur ! ô race fatidique
D'Atrée ! ô noir destin, et déplorable jour !
Flammes qui consumez mon cœur, ô lâche amour !
C'est en vain que sa vue à mes yeux est ravie,
Il emporte la gloire et la paix de ma vie !

DÉMODOCE.

Noble Hélène, les Dieux, d'où naissent nos travaux,
Aux forces de nos cœurs ont mesuré nos maux,
Et dans les parts qu'ils font des fortunes diverses
Ils livrent les meilleurs aux plus rudes traverses,
Certains que tout mortel armé de sa vertu
Sous le plus lourd destin n'est jamais abattu...
Rejetez loin de vous, murs belliqueux de Sparte,
L'hôte qui vous outrage. O Zeus, Pallas ! qu'il parte !
Et que les jours futurs dévoilés à mes yeux
S'effacent comme l'ombre à la clarté des cieux !

HÉLÈNE.

Toi que les Dieux ont fait confident de leur haine,
De quels funestes coups frapperont-ils Hélène ?

DÉMODOCE.

Laissons faire les Dieux. Oublie un vain discours ;
Que Zeus et que Pallas te gardent de beaux jours !
Puisse la paix divine et la forte sagesse
Descendre dans ton âme et bannir ta tristesse !
La sereine douceur d'un amour vertueux.
Verse le calme au fond des cœurs tumultueux ;
Tel, dans la voûte obscure où grondent les orages,
Un regard d'Hèlios dissipe les nuages.

HÉLÈNE.

Mon père, ta sagesse est grande. Que le ciel
Couronne tes vieux ans d'un honneur immortel !
J'écouterai toujours d'un esprit favorable
L'harmonieux conseil de ta voix vénérable.
Et vous, ô sœurs d'Hélène, ô beaux fronts ceints de fleurs !
De vos jeunes accords endormez mes douleurs.
J'aime vos chants si doux où la candeur respire,
Et mon front s'illumine à votre heureux sourire.

LE CHŒUR DE FEMMES.

Penché sur le timon, et les rênes en mains,
Hèlios presse aux cieux le splendide attelage ;
Il brûle dans son cours l'immobile feuillage
  Des bois vierges de bruits humains.

Les tranquilles forêts de silence sont pleines ;
Et la source au flot clair du rocher tout en pleurs

Tombe, et mêle aux chansons des furtives haleines
    Son murmure parmi les fleurs.

O divine Artémis, vierge aux flèches rapides,
Accours! l'heure est propice au bain mystérieux :
Sans craindre des mortels le regard curieux,
    Plonge dans les ondes limpides.

Chasseresses des bois, ô Nymphes, hâtez-vous,
Dénouez d'Artémis la rude et chaste robe.
Voyez! ce bois épais et sombre la dérobe
    Aux yeux mêmes des Dieux jaloux.

Et l'onde frémissante a reçu la Déesse
Et retient son beau corps dans un baiser tremblant.
Elle rit, et l'essaim joyeux, étincelant,
    Des Nymphes, l'entoure et la presse.

Mais quel soupir émeut le feuillage prochain?
Serait-ce quelque vierge égarée et peureuse,
Ou l'Aigipan moqueur, ou le jeune Sylvain,
    Qui pousse une plainte amoureuse?

C'est toi, fils d'Aristée, aux molosses chasseurs,
Qui surprends Artémis dans sa blancheur de neige,
Nue, et passant du front l'éblouissant cortège
    Que lui font ses divines sœurs.

Fuis, chasseur imprudent ! Artémis irritée
T'aperçoit et se lève au milieu des flots clairs,
Et sa main sur ton front lance l'onde agitée ;
    Ses grands yeux sont tout pleins d'éclairs.

La corne aux noirs rameaux sur ta tête se dresse ;
Tu cours dans les halliers comme un cerf bondissant...
Et ta meute infidèle, en son aveugle ivresse,
    Hume l'arome de ton sang.

Malheureux ! plus jamais dans les forêts aimées
Tu ne retourneras, ton arc entre les mains.
Ah ! les Dieux sont cruels ! aux douleurs des humains
    Toujours leurs âmes sont fermées.

HÉLÈNE.

Oui, les Dieux sont cruels !... O jours, jours d'autrefois
De ma mère Léda doux baisers, douce voix,
Bras caressants et chers où riait mon enfance,
O souvenirs sacrés que j'aime et que j'offense,
Salut ! — Un noir nuage entre mon cœur et vous
D'heure en heure descend comme un voile jaloux.
Salut, seuil nuptial, maison du fils d'Atrée,
O chastes voluptés de sa couche sacrée !
De la grande Pallas autel hospitalier,
Où j'ai brûlé la myrrhe et l'encens familier !
O cité de Tyndare ! O rives de mon fleuve,
Où l'essaim éclatant des beaux cygnes s'abreuve
Et nage, et, comme Zeus, quittant les claires eaux,

Poursuit la blanche Nymphe à l'ombre des roseaux !
Salut, ô mont Taygète, ô grottes, ô vallées,
Qui, des rires joyeux de nos vierges, troublées,
Sur les agrestes fleurs et les gazons naissants,
Avez formé mes pas aux rythmes bondissants !
Salut, chère contrée où j'ai vu la lumière !
Trop fidèles témoins de ma vertu première,
Salut ! Je vous salue, ô patrie, ô beaux lieux !
D'Hélène pour jamais recevez les adieux.
Une flamme invincible irrite dans mes veines
Un sang coupable... Assez, assez de luttes vaines,
D'intarissables pleurs, d'inutiles remords !...
Accours ! emporte-moi, Phrygien, sur tes bords !
Achève enfin, Éros, ta victoire cruelle.
Et toi, fille de Zeus, ô gardienne infidèle,
Pallas, qui m'as trahie ; et vous, funestes Dieux,
Qui me livrez en proie à mon sort odieux,
Qui me poussez aux bras de l'impur adultère...
Par le Fleuve livide et l'Hadès solitaire,
Par Niobé, Tantale, Atrée et le Festin
Sanglant ! par Perséphone et par le noir Destin,
Par les fouets acharnés de la pâle Érinnye,
O Dieux cruels, Dieux sourds ! ô Dieux, je vous renie !
Viens, Priamide ! viens ! je t'aime, et je t'attends !

DÉMODOCE.

Ah ! qu'il presse sa fuite ! — Hélène, il n'est plus temps.
Sur l'écume du fleuve il vogue, et j'en rends grâces
Aux Dieux ! Les flots mouvants ont effacé ses traces.

HÉLÈNE.

Éros brûle en mon sein! O vieillard, je me meurs!
Va, Démodoce, cours! De tes longues clameurs
Emplis les bords du fleuve. Arrête sa trirème.
Dis-lui que je l'attends et le supplie et l'aime!

DÉMODOCE.

Par ton vaillant époux, par la gloire d'Hellas,
Puissent de Zeus vengeur les foudres en éclats
Frapper ma tête impie et livrer ma poussière
Aux vents d'orage, si j'écoute ta prière!

LE CHŒUR DE FEMMES.

Malheureuse et cruelle Hélène, qu'as-tu dit?

HÉLÈNE.

Vierges, séchez vos pleurs, car mon sort est prédit:
Il faut courber le front sous une loi plus forte.
Ah! sans doute il est lourd, le poids que mon cœur porte;
Ils sont amers, les pleurs qui tombent de mes yeux;
Mais les Dieux l'ont voulu : je m'en remets aux Dieux!
Ils ont troublé ma vie... Eh bien! quoi qu'il m'en coûte,
J'irai jusques au bout de ma funeste route:
Gloire, honneur et vertu, je foulerai du pié
Ce que l'homme et le Ciel révèrent, sans pitié,
Sans honte! et quand viendra le terme de mon âge,
Voilà, dirai-je aux Dieux, votre exécrable ouvrage!

VII

HÉLÈNE, DÉMODOCE, PARIS,
Chœur de Femmes.

PARIS.

Viens! mes forts compagnons, à la fuite animés,
Poussent des cris joyeux, des avirons armés.

HÉLÈNE.

Les Dieux m'ont entendue!

DÉMODOCE.

                    Envoyé des lieux sombres
Où d'un sceptre de fer Aidès conduit les Ombres,
Toi, Priamide! — et toi, dont le cœur est changeant
Et perfide! écoutez... Sur son trépied d'argent,
Dans Larisse, le Dieu qu'honore Lykorée
Fit entendre autrefois sa parole sacrée.
Jeune encor, mais déjà plein de transports pieux,
J'accoutumais ma voix aux louanges des Dieux,
Et le grand Apollôn guidait mes pas timides
Sur les sommets chéris des chastes Piérides.
Livrant à mes regards les temps encor lointains,
Le Dieu me révéla vos sinistres destins,
O Dardanide, et toi, d'Éros indigne esclave!

PARIS.

Résiste-t-on aux Dieux? malheur à qui les brave!
Vieillard, les feux tombés du char d'or d'Hélios
N'amollissent jamais le front glacé d'Athos :
Des songes enflammés l'âge froid te protège,
Et plus rien de ton cœur n'échauffera la neige.

DÉMODOCE.

Jeune homme, ils sont aimés des justes Immortels,
Ceux qui vivent en paix sur les bords paternels,
Et, des simples vertus suivant le cours austère,
Calment à ce flot pur la soif qui les altère.
Et toi, ma fille, toi qu'entoura tant d'amour
Depuis l'heure si chère où tu naquis au jour,
Ma fille, entends ma voix! Mes riantes années
Au souffle des hivers se sont toutes fanées,
J'ai vécu longuement. Je sais le lendemain
Des ivresses d'une heure et du désir humain.
Femme de Ménélas, je te prie et t'adjure :
Souviens-toi d'Athéné qui venge le parjure!

LE CHŒUR DE FEMMES.

O fille de Léda, noble Hélène aux pieds blancs,
Nous pressons tes genoux avec nos bras tremblants!

HÉLÈNE.

C'est assez. J'obéis à tes flammes divines,
Éros! — Emporte-moi sur les ondes marines,

O Páris! — Hélios luit dans l'Olympe en feu.
Adieu, Vierges de Sparte! O Démodoce, adieu!

LE CHŒUR DE FEMMES.

Arrête, Hélène! arrête, ô malheureuse Hélène!
Prends en pitié ta gloire et notre amère peine...
Elle fuit! et déjà son long voile flottant
Disparait au détour du portique éclatant.
Tombez, écroulez-vous, murs du palais antique!
O sol, ébranle-toi sur sa trace impudique!

DÉMODOCE.

C'en est fait! L'eau gémit sous l'effort des nageurs.
Fuis donc, couple fatal, et crains les Dieux vengeurs!

LE CHŒUR DE FEMMES.

STROPHE.

Divins frères d'Hélène, éclatants Dioscures,
Qui brillez à nos yeux, durant les nuits obscures,
    A l'horizon des vastes mers!
    Refusez vos clartés si pures
Au vaisseau ravisseur qui fend les flots amers.
Beaux astres qui régnez au milieu des étoiles,
    Laissez, de l'Olympe attristé,
D'une éternelle nuit tomber les sombres voiles:
Gloire, vertu, patrie, Hélène a tout quitté!

ANTISTROPHE.

Comme la rose en proie aux souffles de Borée,
Qui ne voit pas finir l'aube qui l'a dorée,

Tombe et se fane en peu d'instants,
Ma jeunesse, aux pleurs consacrée,
Ne verra pas la fin de son heureux printemps!
O mousses du Taygète, ô fleurs de nos vallées,
Propices à nos chœurs joyeux,
Qu'autrefois elle aimait, que ses pas ont foulées,
Flétrissez-vous: Hélène a renié ses Dieux!

ÉPODE.

Vers ton palais désert et sombre, ô noble Atride,
A travers les flots orageux,
Ne hâte point le cours de ta nef intrépide:
Tu ne reverras plus la blanche Tyndaride
Aux cheveux d'or, aux pieds neigeux!
Pleure comme une femme, ô guerrier courageux!
Du Cygne et de Léda celle qui nous est née,
Sur la pourpre étrangère, insensible à nos pleurs,
Oublie Hellas abandonnée...
Grands Dieux! de roses couronnée,
Hélène rit de nos douleurs!

DÉMODOCE.

O Phoibos-Apollôn! de ta bouche divine
Coule la vérité dont l'esprit s'illumine!
Roi des Muses, chanteur des monts et des forêts,
Roi de l'Arc d'or, armé d'inévitables traits,
O dompteur de Pythôn, souverain de Larisse!
Que l'Océan immense et profond se tarisse,
Que l'impalpable Aithèr, d'où ton char radieux

Verse la flamme auguste aux hommes comme aux Dieux,
S'écroule, et que l'Hadès impénétrable et sombre
Engloutisse le monde éternel dans son ombre,
Si, délaissant ton culte et rebelle à tes lois,
Je doutais, Apollon, des accents de ta voix !
O fiers enfants d'Hellas, ô races courageuses,
Emplissez et troublez de clameurs belliqueuses
La hauteur de l'Olympe et l'écho spacieux
Des plaines et des monts où dorment vos aïeux !
De l'Épire sauvage aux flots profonds d'Aigée,
Levez-vous pour venger la patrie outragée !
Saisissez, ô guerriers, d'une robuste main,
Et le glaive homicide et la pique d'airain !
Pousse des cris, puissante Argos ! Divine Athènes,
Couvre la vaste mer d'innombrables antennes...
Et vous, ô Rois d'Hellas, emportez sur les flots
La flamme avec la mort dans les remparts d'Ilos !

LE CHŒUR DE FEMMES.

STROPHE.

Quand du myrte d'Éros la vierge est couronnée,
  Et, sous le lin éblouissant,
S'approche en souriant des autels d'hyménée,
Les Kharites en chœur conduisent en dansant
  Son innocente destinée.
Son cœur bondit de joie, et l'Époux radieux
La contemple, l'admire et rend grâces aux Dieux !

ANTISTROPHE.

Sous le toit nuptial le trépied d'or s'allume,
La rose jonche les parvis,
Les rires éclatants montent, le festin fume,
Un doux charme retient les convives ravis
Aux lieux que l'Épouse parfume.
Salut, toi qui nous fais des jours heureux et longs,
Divin frère d'Éros, Hymen aux cheveux blonds!

ÉPODE.

Mais, ô Chasteté sainte, ô robe vénérable,
Malheur à qui sur toi porte une impure main!
Qu'il vive et meure misérable!
Qu'Érinnys vengeresse, auguste, inexorable,
Le flagelle à jamais dans l'Hadès inhumain!
Malheur à l'épouse adultère
En proie aux lâches voluptés,
Source de sang, de honte et de calamités,
Opprobre et fardeau de la terre!
Frappez-la, Dieux vengeurs, noires Divinités!

La Robe du Centaure

Antique justicier, ô divin Sagittaire,
Tu foulais de l'Oita la cime solitaire,
Et dompteur en repos, dans ta force couché,
Sur ta solide main ton front s'était penché.
Les pins de Thessalie, avec de fiers murmures,
T'abritaient gravement de leurs larges ramures ;
Détachés de l'épaule et du bras indompté,
Ta massue et ton arc dormaient à ton côté.
Tel, glorieux lutteur, tu contemplais, paisible,
Le sol sacré d'Hellas où tu fus invincible.
Ni trêve, ni repos ! Il faut encor souffrir :
Il te faut expier ta grandeur, et mourir.

O robe aux lourds tissus, à l'étreinte suprême !
Le Néméen s'endort dans l'oubli de soi-même :
De l'immense clameur d'une angoisse sans frein
Qu'il frappe, ô Destinée, à ta voûte d'airain !

Que les chênes noueux, rois aux vieilles années,
S'embrasent en éclats sous ses mains acharnées ;
Et, saluant d'en bas l'Olympe radieux,
Que l'Oita flamboyant l'exhale dans les cieux !

Désirs que rien ne dompte, ô robe expiatoire,
Tunique dévorante et manteau de victoire !
C'est peu d'avoir planté d'une immortelle main
Douze combats sacrés aux haltes du chemin ;
C'est peu, multipliant sa souffrance infinie,
D'avoir longtemps versé la sueur du génie.
O source de sanglots, ô foyer de splendeurs,
Un invisible souffle irrite vos ardeurs ;
Vos suprêmes soupirs, avant-coureurs sublimes,
Guident aux cieux ouverts les âmes magnanimes ;
Et sur la hauteur sainte, où brûle votre feu,
Vous consumez un homme et vous faites un Dieu !

Kybèle

STROPHE I.

Le long des mers d'azur aux sonores rivages,
Par les grands bois tout pleins de hurlements pieux,
Tu passes lentement, Mère antique des Dieux,
    Sur le dos des lions sauvages.
D'écume furieuse et de sueurs baignés,
Les Nymphes de l'Ida, les sacrés Korybantes
    Déchirent leurs robes tombantes
    Et dansent par bonds effrénés.

ANTISTROPHE I.

Consumés de désirs, Daktyles et Kurètes,
Les Kabires velus délaissent leurs marteaux
Et l'âtre où nuit et jour ruissellent les métaux
    Au fond des cavités secrètes.
Haletants, du sommet des rochers hasardeux,
Comme de noirs troupeaux ils roulent sur les pentes,
    Et les asphodèles rampantes
    Ont couronné leurs fronts hideux.

ÉPODE I.

Ils accourent vers toi qui naquis la première,
    Qui présides à mille hymens,
Vierge majestueuse, éclatante ouvrière
Qui revêts de tes dons les Dieux et les humains;
Toi, dont le lait divin sous qui germe la vie,
Lumineuse rosée où nage l'univers,
    Répand sur la terre ravie
    L'été splendide et les hivers !

STROPHE II.

O Silène de Nyse, ô Bacchante inhumaine,
Agitez en hurlant, ivres, tumultueux,
Les thyrses enlacés de serpents tortueux !
    Io ! Femmes de Dindymène !
    Loin des profanes odieux,
    Les tresses au vent déroulées,
Sous les grands pins flambants des montagnes troublées,
Io ! chantez Kybèle, origine des Dieux.
Dans les sombres halliers de la forêt antique,
    Io ! l'œil en feu, le sein nu,
    Versez avec le Van mystique
    Le grain où tout est contenu !

ANTISTROPHE II.

Kybèle, assise au centre immobile du monde,
Reine aux yeux bienveillants, ceinte de larges tours,
Salut, source des biens et source des longs jours,
    Kybèle, ô nourrice féconde !

Du sein du Pactole doré
   Où sont tes palais, ô Déesse !
Tu donnes aux mortels la force et la sagesse,
Tu respires l'encens du temple préféré.
Secouant de ta robe un nuage de roses,
   Dans l'Aithèr splendide et sans fin
   Tu déroules le chœur des choses
   Dociles à l'ordre divin !

ÉPODE II.

   Soumis au joug des Destinées,
Tous les pâles humains aux rapides années
   T'adjurent sous le poids des maux ;
Et dans leurs cœurs blessés, ô Sagesse ! tu mêles
   Aux noirs soucis de leurs travaux
   Les Espérances immortelles.
Le monde est suspendu, Déesse, à tes mamelles :
En un pli de ta robe il rêve aux Jours nouveaux.

Pan

Pan d'Arcadie, aux pieds de chèvre, au front armé
De deux cornes, bruyant, et des pasteurs aimé,
Emplit les verts roseaux d'une amoureuse haleine.
Dès que l'aube a doré la montagne et la plaine,
Vagabond, il se plaît aux jeux, aux chœurs dansants
Des Nymphes, sur la mousse et les gazons naissants.
La peau du lynx revêt son dos; sa tête est ceinte
De l'agreste safran, de la molle hyacinthe;
Et d'un rire sonore il éveille les bois.
Les Nymphes aux pieds nus accourent à sa voix,
Et légères, auprès des fontaines limpides,
Elles entourent Pan de leurs rondes rapides.
Dans les grottes de pampre, au creux des antres frais
Le long des cours d'eau vive échappés des forêts,
Sous le dôme touffu des épaisses yeuses,
Le Dieu fuit de midi les ardeurs radieuses;

Il s'endort ; et les bois, respectant son sommeil,
Gardent le divin Pan des flèches du Soleil.
Mais sitôt que la Nuit, calme et ceinte d'étoiles,
Déploie aux cieux muets les longs plis de ses voiles,
Pan, d'amour enflammé, dans les bois familiers
Poursuit la vierge errante à l'ombre des halliers,
La saisit au passage ; et, transporté de joie,
Aux clartés de la lune, il emporte sa proie.

Klytie

Sentiers furtifs des bois, sources aux frais rivages,
Et vous, grottes de pampre où glisse un jour vermeil,
Platanes, qui voyez, sous vos épais feuillages,
Les vierges de l'Hybla céder au doux sommeil ;

Un Dieu ne m'endort plus dans vos calmes retraites,
Quand midi rayonnant brûle les lourds rameaux.
Écoutez, ô forêts, mes tristesses secrètes !
Versez votre silence et l'oubli sur mes maux.

Mes jours ne coulent plus au gré des heures douces.
Moins clair était le flot qui baigne les halliers,
Dont l'écume d'argent, parmi les vertes mousses,
Abreuve les oiseaux et les cerfs familiers.

Et mes yeux sont en pleurs, et la Muse infidèle
A délaissé mon sein d'un autre amour empli.
Fuyez, jeunes chansons, fuyez à tire d'aile :
Pour la joie et pour vous mon cœur est plein d'oubli.

Parlez-moi de Klytie, ô vallée, ô colline !
Fontaine trop heureuse, aux reflets azurés,
N'as-tu pas sur tes bords, où le roseau s'incline,
De Klytie en chantant baisé les pieds sacrés ?

Des monts Siciliens c'est la blanche Immortelle !
Compagnons d'Érycine, ô cortège enchanté,
Désirs aux ailes d'or, emportez-moi vers elle :
Elle a surpris mon cœur par sa jeune beauté.

Korinthe et l'Ionie et la divine Athènes
Sculpteraient son image en un marbre éternel ;
La trirème sacrée inclinant ses antennes
L'eût nommée Aphrodite et l'eût placée au ciel.

Klytie a d'hyacinthe orné ses tempes roses,
Et sa robe est nouée à son genou charmant ;
Elle effleure en courant l'herbe molle et les roses ;
Et le cruel Éros se rit de mon tourment !

O Nymphes des forêts, ô filles de Kybéle,
Quel Dieu vous poursuivra désormais de ses vœux ?
O Déesses ! pleurez : plus que vous elle est belle !
Sur son col, à flots d'or, coulent ses blonds cheveux.

Ses lèvres ont l'éclat des jeunes aubépines
Où chantent les oiseaux dans la rosée en pleurs ;
Ses beaux yeux sont tout pleins de ces clartés divines
Que l'urne du matin verse aux buissons en fleurs.

Le rire éblouissant rayonne sur sa joue,
Une forme parfaite arrondit ses bras nus,
Son épaule est de neige et l'aurore s'y joue ;
Des lys d'argent sont nés sous ses pas ingénus.

Elle est grande et semblable aux fières chasseresses
Qui passent dans les bois vers le déclin du jour ;
Et le vent bienheureux qui soulève ses tresses
S'y parfume aussitôt de jeunesse et d'amour.

Les pasteurs attentifs, au temps des gerbes mûres,
Au seul bruit de sa voix délaissent les moissons,
Car l'abeille hybléenne a de moins frais murmures
Que sa lèvre au matin n'a de fraîches chansons.

Le lin chaste et flottant qui ceint son corps d'albâtre
Plus qu'un voile du temple est terrible à mes yeux :
Si j'en touche les plis mon cœur cesse de battre ;
J'oublie en la voyant la patrie et les Dieux !

Éros, jeune Immortel, dont les flèches certaines
Font une plaie au cœur que nul ne peut fermer,
Incline au moins son front sur l'onde des fontaines :
Oh ! dis-lui qu'elle est belle et qu'elle doit aimer !

Si rien ne peut fléchir cette vierge cruelle,
Ni la molle syrinx, ni les dons amoureux,
Ni mes longs pleurs versés durant les nuits pour elle,
Éros ! j'irai guérir sur des bords plus heureux.

Non! je consumerai ma jeunesse à lui plaire,
Et, chérissant le joug où m'ont lié les Dieux,
J'irai bientôt l'attendre à l'ombre tutélaire
De tes feuillages noirs, Hadès mystérieux!

Sous les myrtes sacrés s'uniront nos mains vaines;
Tu tomberas, Klytie, en pleurant sur mon cœur...
Mais la mort aura pris le pur sang de nos veines
Et des jeunes baisers la divine liqueur!

Vénus de Milo

Marbre sacré, vêtu de force et de génie,
Déesse irrésistible au port victorieux,
Pure comme un éclair et comme une harmonie,
O Vénus, ô beauté, blanche mère des Dieux !

Tu n'es pas Aphrodite, au bercement de l'onde,
Sur ta conque d'azur posant un pied neigeux,
Tandis qu'autour de toi, vision rose et blonde,
Volent les Rires d'or avec l'essaim des Jeux.

Tu n'es pas Kythérée, en ta pose assouplie,
Parfumant de baisers l'Adônis bienheureux,
Et n'ayant pour témoins sur le rameau qui plie
Que colombes d'albâtre et ramiers amoureux.

Et tu n'es pas la Muse aux lèvres éloquentes,
La pudique Vénus, ni la molle Astarté
Qui, le front couronné de roses et d'acanthes,
Sur un lit de lotos se meurt de volupté.

Non! les Rires, les Jeux, les Grâces enlacées,
Rougissantes d'amour, ne t'accompagnent pas.
Ton cortège est formé d'étoiles cadencées,
Et les globes en chœur s'enchaînent sur tes pas.

Du bonheur impassible ô symbole adorable,
Calme comme la mer en sa sérénité,
Nul sanglot n'a brisé ton sein inaltérable,
Jamais les pleurs humains n'ont terni ta beauté.

Salut! A ton aspect le cœur se précipite.
Un flot marmoréen inonde tes pieds blancs;
Tu marches, fière et nue, et le monde palpite,
Et le monde est à toi, Déesse aux larges flancs!

Iles, séjour des Dieux! Hellas, mère sacrée!
Oh! que ne suis-je né dans le saint Archipel
Aux siècles glorieux où la Terre inspirée
Voyait le Ciel descendre à son premier appel!

Si mon berceau, flottant sur la Thétis antique,
Ne fut point caressé de son tiède cristal;
Si je n'ai point prié sous le fronton attique,
Beauté victorieuse, à ton autel natal;

Allume dans mon sein la sublime étincelle,
N'enferme point ma gloire au tombeau soucieux;
Et fais que ma pensée en rythmes d'or ruisselle,
Comme un divin métal au moule harmonieux.

Le Réveil d'Hèlios

Le Jeune homme divin, nourrisson de Délos,
Dans sa khlamyde d'or quitte l'azur des flots;
De leurs baisers d'argent son épaule étincelle
Et sur ses pieds légers l'onde amère ruisselle.
A l'essieu plein de force il attache soudain
La roue à jantes d'or, à sept rayons d'airain.
Les moyeux sont d'argent, aussi bien que le siège.
Le Dieu soumet au joug quatre étalons de neige
Qui, rebelles au frein, mais au timon liés,
Hérissés, écumants, sur leurs jarrets ployés,
Hennissent vers les cieux, de leurs naseaux splendides.
Mais, du quadruple effort de ses rênes solides,
Le fils d'Hypérion courbe leurs cols nerveux;
Et le vent de la mer agite ses cheveux,

Et Séléné pâlit, et les Heures divines
Font descendre l'Aurore aux lointaines collines.
Le Dieu s'écrie ! Il part, et dans l'ampleur du ciel
Il pousse, étincelant, le quadrige immortel.
L'air sonore s'emplit de flamme et d'harmonie ;
L'Océan qui palpite, en sa plainte infinie,
Pour saluer le Dieu, murmure un chant plus doux ;
Et, semblable à la vierge en face de l'époux,
La Terre, au bord brumeux des ondes apaisées,
S'éveille en rougissant sur son lit de rosées.

La Source

Une eau vive étincelle en la forêt muette,
    Dérobée aux ardeurs du jour ;
Et le roseau s'y ploie, et fleurissent autour
    L'hyacinthe et la violette.

Ni les chèvres paissant les cytises amers
    Aux pentes des proches collines,
Ni les pasteurs chantant sur les flûtes divines,
    N'ont troublé la source aux flots clairs.

Les noirs chênes, aimés des abeilles fidèles,
    En ce beau lieu versent la paix,
Et les ramiers, blottis dans le feuillage épais,
    Ont ployé leur col sous leurs ailes.

Les grands cerfs indolents, par les halliers mousseux,
    Hument les tardives rosées ;
Sous le dais lumineux des feuilles reposées
    Dorment les Sylvains paresseux.

Et la blanche Naïs dans la source sacrée
    Mollement ferme ses beaux yeux ;
Elle songe, endormie ; un rire harmonieux
    Flotte sur sa bouche pourprée.

Nul œil étincelant d'un amoureux désir
    N'a vu sous ces voiles limpides
La Nymphe au corps de neige, aux longs cheveux fluides,
    Sur le sable argenté dormir.

Et nul n'a contemplé la joue adolescente,
    L'ivoire du col, ou l'éclat
Du jeune sein, l'épaule au contour délicat,
    Les bras blancs, la lèvre innocente.

Mais l'Aigipan lascif, sur le prochain rameau,
    Entr'ouvre la feuillée épaisse
Et voit, tout enlacé d'une humide caresse,
    Ce corps souple briller sous l'eau.

Aussitôt il rit d'aise en sa joie inhumaine ;
    Son rire émeut le frais réduit ;
Et la vierge s'éveille, et, pâlissant au bruit,
    Disparaît comme une ombre vaine.

Telle que la Naïade, en ce bois écarté,
    Dormant sous l'onde diaphane,
Fuis toujours l'œil impur et la main du profane,
    Lumière de l'âme, ô Beauté !

Niobé

Ville au bouclier d'or, favorite des Dieux,
Toi que bâtit la Lyre aux sons mélodieux,
Toi que baigne Dirkè d'une onde inspiratrice,
D'Hèraclès justicier magnanime nourrice,
Thèbes ! — Toi qui contins entre tes murs sacrés
Le Dieu né de la foudre, aux longs cheveux dorés,
Ceint de pampre, Iakkhos, qui, la lèvre rougie,
Danse, le thyrse en main, aux monts de la Phrygie !
Ville illustre, où l'éclair féconda Sémélé,
Un peuple immense en toi murmure amoncelé.

Au lever du soleil, doucement agitée,
Telle chante la mer, quand Inô-Leucothée,
La fille de Kadmos, Déesse à qui tu plais,
Abandonne en riant son humide palais,

Et déroule à longs plis le voile tutélaire
Qui du sombre Notos fait tomber la colère.
Les Nymphes aux beaux yeux, habitantes des eaux,
Ont couronné leurs fronts d'algues et de roseaux,
Et, s'élançant du sein des grottes de Nérée,
Suivent la belle Inô, compagne vénérée.
Pareilles sur les mers à des cygnes neigeux,
Elles nagent ! Les flots s'apaisent sous leurs jeux,
Et le puissant soupir des ondes maternelles
Monte par intervalle aux voûtes éternelles.
Tel ton peuple murmure et court de toutes parts !
De joyeuses clameurs ébranlent tes remparts ;
Tes temples animés de marbres prophétiques
Ouvrent aux longs regards leurs radieux portiques ;
Au pied des grands autels qu'un sang épais rougit,
Sous le couteau sacré l'hécatombe mugit,
Et vers le ciel propice une brise embaumée
Emporte des trépieds la pieuse fumée.
L'ardent Lykoréen, l'œil mi-clos de sommeil,
De la blonde Thétis touche le sein vermeil.
La Nuit tranquille couvre, en déployant ses ailes,
La terre de Pélops d'ombres universelles.
Les jeux Isménéens, source de nobles prix,
Finissent, et font place aux banquets de Kypris ;
L'olivier cher aux Dieux ceint les fronts héroïques ;
Et tous, avec des chants, vers les remparts lyriques
Reviennent à grand bruit comme des flots nombreux,
Par les plaines, les monts et les chemins poudreux.
Leur rumeur les devance, et son écho sonore

Jusqu'aux monts Phocéens roule et murmure encore.
Mille étalons légers, impatients du frein,
Liés aux chars roulant sur les axes d'airain,
Superbes, contenus dans leur fougue domptée,
Mâchent le mors blanchi d'une écume argentée.
Qu'ils sont beaux, asservis mais fiers sous l'aiguillon,
Et creusant dans la poudre un palpitant sillon !
Les uns, aux crins touffus, aux naseaux intrépides,
De l'amoureux Alphée ont bu les eaux rapides ;
Ceux-ci, remplis encor de sauvages élans,
Sous le hardi Lapithe assouplissent leurs flancs,
Et, rêvant, dans leur vol, la libre Thessalie,
Hennissent tout joyeux sous le joug qui les lie ;
Ceux-là, par Zéphyros sur le sable enfantés,
Nourris d'algue marine et sans cesse irrités,
S'abandonnant au feu d'un sang irrésistible,
Ont du Dieu paternel gardé l'aile invisible,
Et, toujours ruisselants de rage et de sueur,
Jettent de leurs grands yeux une ardente lueur.
Ils entraînent, fumants d'une brûlante haleine,
Les grands vieillards drapés dans la pourpre ou la laine,
Graves, majestueux, couronnés de respect,
Et les jeunes vainqueurs au belliqueux aspect,
Qui, fiers du noble poids de leur gloire première,
Sur leurs casques polis font jouer la lumière.
Les enfants de Kadmos à leur trace attachés
S'agitent derrière eux, haletants et penchés ;
Et dans Thèbes bientôt les coursiers qui frémissent
Déposent les guerriers sous qui les chars gémissent.

Le palais d'Amphiôn, aux portiques sculptés,
S'entr'ouvre aux lourds essieux l'un par l'autre heurtés.
Chaque héros s'élance, et les fortes armures
Ont glacé tous les cœurs par d'effrayants murmures.
Les serviteurs du Roi, sur le seuil assemblés,
Servent l'orge et l'avoine aux coursiers dételés;
Et les chars, recouverts de laines protectrices,
S'inclinent lentement contre les murs propices.

Sous des voûtes de marbre, abri mystérieux,
Loin des bruits du palais, de l'oreille et des yeux,
En de limpides bains nourris de sources vives,
De larges conques d'or reçoivent les convives.
L'huile baigne à doux flots leurs membres assouplis;
De longs tissus de lin les couvrent de leurs plis;
Puis, aux sons amoureux des lyres ioniques,
Ils entrent, revêtus d'éclatantes tuniques.
O surprise! en la salle aux contours spacieux,
L'argent, l'ambre et l'ivoire éblouissent les yeux.
Dix Nymphes d'or massif, qu'on dirait animées,
Tendent d'un bras brillant dix torches enflammées;
Mille flambeaux encore, aux voûtes suspendus,
Font jaillir tour à tour leurs feux inattendus;
Et la flamme, inondant l'enceinte rayonnante,
Semant d'ardents reflets la pourpre environnante,
Irradie en éclairs aux lambris de métal.
Comme un Dieu que supporte un riche piédestal,
Le divin Amphiôn, semblable au fils de Rhée,
D'un sceptre étincelant charge sa main sacrée,

Et soutient, le front haut, de ses larges genoux,
Sa lyre créatrice, aux accents forts et doux.
La paix et la bonté, la gloire et le génie
Couronnent à la fois ce roi de l'harmonie.
Dans sa robe de pourpre, immobile et songeur,
Il suit auprès des Dieux son esprit voyageur ;
Il règne, il chante, il rêve. Il est heureux et sage.
Sa barbe, à longs flocons déjà blanchis par l'âge,
Sur sa grande poitrine avec lenteur descend,
Et le bandeau royal serre son front puissant.
Assise à ses côtés sur la pourpre natale,
La fière Niobé, la fille de Tantale,
Droite dans son orgueil, avec félicité
Contemple les beaux fruits de sa fécondité :
Sept filles et sept fils, richesse maternelle
Qu'elle réchauffe encore à l'abri de son aile.
Auprès d'elle, à ses pieds, actives, et roulant
La quenouille d'ivoire au gré de leur doigt blanc,
Vingt femmes de Lydie aux riches bandelettes
Ourdissent finement les laines violettes.
Telles, près de Thétis, sous les grottes d'azur
Que baigne incessamment un flot tranquille et pur,
En un lit de corail les blanches Néréides
Tournent en souriant leurs quenouilles humides.

Pourtant, les serviteurs font d'un bras diligent
Couler les vins dorés des kratères d'argent ;
Le miel tombe en rayons des profondes amphores ;
Aux convives royaux les jeunes Kanéphores

Offrent les fruits vermeils. Sous le festin fumant
La table aux ais nombreux a gémi longuement.

LE CHŒUR.

Les héros sont assis, ceints d'un rameau de lierre.
Le tranquille repos rit sur leurs fronts joyeux ;
Et, pour charmer encor la table hospitalière,
L'Aède aux chants aimés va célébrer les Dieux.
Le divin Amphíon, roi que l'Olympe honore,
Calme les bruits épars, de son sceptre incliné :
Et vers la voûte immense, éclatante et sonore,
Sur le mode éolien la lyre a résonné.

L'AÈDE.

Toi qui règnes au sein de la voûte azurée,
Aithèr, dominateur de tout, flamme sacrée,
Aliment éternel des astres radieux,
De la terre et des flots, des hommes et des Dieux !
Ardeur vivante ! Aithèr ! source immense, invisible,
Qui, pareil en ton cours au torrent invincible,
Dispenses, te frayant mille chemins divers,
La chaleur et la vie au multiple univers,
Salut, Aithèr divin, ô substance première !
Et vous, Signaux du ciel, flamboyante lumière,
Compagnons de la Nuit, toujours jeunes et beaux,
Salut, du vieux Kronos impassibles flambeaux !
Et toi, Nature, habile et sachant toutes choses,
Ceinte d'éclairs, d'épis, d'étoiles et de roses,
Épouse de l'Aithèr ! toi qui sur nous étends

Comme pour nous bénir, tes deux bras éclatants;
Nature, ô vierge-mère, ô nourrice éternelle,
La vie à flots profonds coule de ta mamelle,
Et les Dieux, adorant ta puissante beauté,
Te partagent leur gloire et leur éternité!
Salut, vieil Ouranos, agitateur des mondes,
Qui guides dans l'azur leurs courses vagabondes,
Dieu caché, Dieu visible, indomptable et changeant,
Qui ceins les vastes cieux de ton vol diligent!
Salut, Zeus, roi du Feu, sous qui le ciel palpite,
Dont le courroux subtil gronde et se précipite!
O Zeus au noir sourcil, éclatant voyageur,
Salut, fils de Kronos! salut, ô Dieu vengeur!

LE CHŒUR.

Il chante. En son repos la mer aux flots mobiles
D'un concert moins sublime émeut ses bords charmés.
Les héros suspendus à ses lèvres habiles
Ont délaissé la coupe et les mets parfumés.
Cédant aux voluptés de leur joie infinie,
Tels, oubliant la terre et l'encens des autels,
Aux accents d'Apollôn, les calmes Immortels
S'abreuvent à longs traits d'une immense harmonie.

L'AÈDE.

O race d'Ouranos, ô Titans monstrueux,
O rois décoaronnés par le Dompteur des crimes,
Pleurez et gémissez dans les anciens abîmes,
Du monde aux larges flancs captifs tumultueux!

Atteste Zeus vainqueur, Dieu terrible aux cent têtes,
Dernier-né de la Terre, immense Typhoé
A la bouche fumante, ô Père des tempêtes,
De l'immobile Hadès habitant foudroyé !

Chantez l'immortel Zeus, jeunes Okéanides
Qui vous jouez en rond sur les perles humides,
Kéto, Kallirhoé, Klymène aux pieds charmants,
Kymathoé, Thétis, Glaucé, Kymatolège,
Élektre au cou d'albâtre, Eunice aux bras de neige,
Reine des bleus palais sous les flots écumants !

Saliens vagabonds, retentissants Kurètes,
Qui gardiez son enfance en d'obscures retraites,
Du choc des boucliers faites trembler les cieux !
Générateurs des fruits, Dieux aux robes tombantes,
Chantez en chœur sa gloire, ô sacrés Korybantes,
Indomptables danseurs aux bonds prodigieux !

Et toi, qu'il fit jaillir de sa tête infinie,
Déesse au casque d'or, Pallas Tritogénie,
Enseigne sa prudence aux ignorants mortels !
Viens ! dis-nous ses amours, blanche fille de l'onde,
Aphrodite au sein rose, ô Reine à tête blonde,
Volupté, dont le rire a conquis des autels !

Vous tous, du divin Zeus, salut, enfants sans nombre,
De l'Olympe éthéré jusqu'à l'Érèbe sombre,
Fruits de ses mille hymens, monarques étoilés

Qui régnez à ses pieds et brillez à son ombre !
Vous ne descendez point aux tombeaux désolés :
Vous êtes sa pensée aux formes innombrables,
Vous êtes son courroux, sa force et sa grandeur.
Salut, Déesses, Dieux ! Soyez-nous favorables !
Salut, Rayons vivants tombés de sa splendeur !

LE CHŒUR.

Quel nuage a couvert de son ombre fatale
Ton front majestueux, ô fille de Tantale ?
Ton noir sourcil s'abaisse ; un éclair soucieux,
Précurseur de l'orage, a jailli de tes yeux,
Et de ton sein royal la blancheur palpitante
Se gonfle sous les plis de ta robe flottante.

L'AÈDE.

Il en est un pourtant, plus illustre et plus beau,
C'est le Dieu de Sminthée et de la Maionie :
De l'antique Ouranos il porte le flambeau,
Il verse dans son vol la flamme et l'harmonie.

C'est le roi de Pythô, de Milet, de Klaros ;
C'est le Lykoréen, meurtrier de Titye,
Qui sourit, plein d'orgueil, quand sa flèche est partie ;
Le Dieu certain du but, protecteur des héros.

Sur l'ombreux Parnèsos, filles de Mnémosyne,
Vous unissez vos voix à sa lyre divine ;

Et, délaissant son char à la cime des cieux,
Il marche environné d'un chœur harmonieux.

Il est jeune, il est fier! Les brises vagabondes
Glissent avec amour sur ses cheveux dorés,
O Muses! Et pour vous de ses lèvres fécondes
Tombent les rythmes purs et les chants inspirés;
Puis il suspend sa lyre aux temples préférés
Et plonge étincelant aux lumineuses ondes.

Dès qu'aux bords de Délos ses yeux furent ouverts,
Un arc d'argent frémit dans ses mains magnanimes;
Et foulant le sommet des montagnes sublimes,
D'un regard lumineux il baigna l'univers!

Salut! je te salue, Apollôn, qui, sans cesse,
As guidé sur les monts ma timide jeunesse.
Daigne inspirer ma voix, Dieu que j'aime, et permets
Que ma lyre et mes chants ne t'offensent jamais.

Et toi, sœur d'Apollôn, ô mâle Chasseresse,
O Vierge aux flèches d'or! Intrépide Déesse,
Tu hantes les sommets battus des sombres vents;
Sous la pluie et la neige, et de sang altérée,
Tu poursuis sans repos de ta flèche acérée
Les grands lions couchés au fond des bois mouvants.

Nul n'échappe à tes coups, ô Reine d'Ortygie!
La source des forêts lave ta main rougie,

Et quand Apollôn passe en dardant ses éclairs,
Tu livres ton beau corps aux baisers des flots clairs.

Malheur à qui t'a vue aux sources d'Érymanthe !
En vain il suppliera son immortelle amante :
O Vierge inexorable ! O chasseur insensé !
Il ne pressera plus le sein qui l'a bercé ;
Et les blancs lévriers que ses yeux ont vus naître
Oublieux de sa voix, déchireront leur maître !

Salut, belle Cynthie aux redoutables mains,
Qui, parfois, délaissant les belliqueuses chasses,
Danses aux bords Delphiens, mêlée aux jeux des Grâces,
O fille du grand Zeus, Nourrice des humains !

Et toi, Lètô ! Salut, mère pleine de gloire !
Tu n'auras point brillé d'un éclat illusoire :
Deux illustres enfants entre tous te sont nés.
Par delà les cités, les monts, la mer profonde,
Vénérable Déesse aux destins fortunés,
Ils ont porté ta gloire aux limites du monde.

LE CHŒUR.

O Reine, ô Niobé, Pythie en proie au Dieu,
Tu te lèves, superbe, et les regards en feu,
Et, d'un geste apaisant l'assemblée éperdue,
Vers l'Aède inspiré ta main s'est étendue.
Tu parles ! O terreur ! quels discours insensés
De tes lèvres sans frein tombent à flots pressés ?

Ainsi du froid Hémos les neiges ébranlées
S'écroulent avec bruit dans les blanches vallées;
L'écho gronde en fuyant, et les tristes pasteurs
Hâtent les bœufs tardifs vers les toits protecteurs.
Ton souffle a fait pâlir le divin Interprète;
Sur la lyre aux trois voix le plectre d'or s'arrête,
Et quelques sons épars, soupirs harmonieux,
S'exhalent en mourant comme une plainte aux Dieux.

NIOBÉ.

Silence ! — Un chant funeste a frappé mon oreille.
Tout mon cœur s'est troublé d'une audace pareille.
Un mortel, las de vivre, insulta-t-il jamais
La fille de Tantale assise en son palais ?
Mieux vaudrait qu'au berceau son implacable mère
Eût arrêté le cours de sa vie éphémère,
Que d'attirer ainsi sur son front insensé
L'orage qui dormait dans mon cœur offensé.
Tais-toi ! — Je veux t'offrir un retour tutélaire.
Les louanges de Zeus irritent ma colère...
Et c'est assez, sans doute, au Tartare cruel
Qu'il attache à mon père un supplice éternel !
Il était d'autres Dieux que les tiens, — race auguste,
Dont le sang était pur, dont l'empire était juste,
Fils de la Terre immense et du vieil Ouranos.
Ces monarques régnaient dans les cieux en repos.
Propices aux mortels, tout remplis de largesse,
Ils dispensaient la paix, le bonheur, la sagesse;

Et la Terre, bercée en leurs bras caressants,
Vantait la piété de ses fils tout puissants.
Chante ces Dieux déchus des voûtes éthérées,
Qui, frappés dans le sein des batailles sacrées,
Sous les doubles assauts de la foudre et du temps,
Gisent au noir Hadès; chante les Dieux Titans :
Hypérion, Atlas et l'époux de Klymène,
Et celui d'où sortit toute science humaine,
L'illustre Prométhée aux yeux perçants, celui
Pour qui seul entre tous l'avenir avait lui,
Le Ravisseur du feu, cher aux mortels sublimes,
Qui, longtemps, enchaîné sur de sauvages cimes,
Bâtissait un grand rêve aux serres du vautour ;
Sur qui, durant les nuits, pleuraient, pleines d'amour,
Les filles d'Océan aux invisibles ailes ;
Qui sera délivré par des mains immortelles,
Et qui fera jaillir de son sein indompté
Le jour de la justice et de la liberté.
Chante ces Dieux ! Ceux-là furent heureux et sages :
Leur culte au fond des cœurs survit au cours des âges.
Dans les flancs maternels de la Terre couchés,
Sur le jeune avenir leurs yeux sont attachés,
Certains qu'au jour fatal, écroulé de la nue,
Zeus s'évanouira dans la Nuit inconnue ;
Qu'un autre Dieu plus fort, sur l'Olympe désert
Régnant, enveloppé d'un éternel concert,
Et d'un songe inutile entretenant la Terre,
Refusera la coupe aux lèvres qu'il altère ;
Que lui-même, vaincu par de hardis mortels,

Verra le feu sacré mourir sur ses autels ;
Que les déshérités gisant dans l'ombre avare
Franchiront glorieux les fleuves du Tartare,
Et que les Dieux humains, apaisant nos sanglots,
Réuniront la Terre à l'antique Ouranos !

O stupide vainqueur du divin Prométhée,
Puisse, du ciel, ta race avec toi rejetée,
De ton règne aboli comptant les mornes jours,
Au gouffre originel descendre pour toujours !
J'ai honte de ton sang qui coule dans mes veines...
Mais toi-même as brisé ces détestables chaînes,
O Zeus ! toi que je hais ! Dieu jaloux, Dieu pervers,
Implacable fardeau de l'immense univers !
Quand mon père tomba sous ta force usurpée,
Impuissant ennemi, que ne m'as-tu frappée ?
Mais ta colère est vaine à troubler mes destins :
Je règne sans terreur assise en mes festins,
Mon époux me vénère, et mon peuple m'honore !
Sept filles et sept fils, à leur brillante aurore,
Plus beaux, plus courageux, meilleurs que tes enfants,
Croissent, chers à mon cœur, sous mes yeux triomphants !
Qui pourrait égaler ma gloire sur la terre ?
Est-ce toi, du Titan fille errante, adultère,
Oublieuse du sang généreux dont tu sors,
Toi qui ternis la fleur de tes jeunes trésors,
Et dans l'âpre Délos, par Hèrè poursuivie,
A deux enfants furtifs vins accorder la vie ?
Je brave ces enfants d'une impure union,

Ce fils usurpateur du char d'Hypériôn,
Cette fille imposée à nos forêts paisibles !
Je défie à la fois leurs colères risibles,
J'appelle à moi leurs traits fatals aux cerfs des bois...
Et toi, mère orgueilleuse, aux échos de ma voix
Irrite tes enfants jaloux ! O lâche esclave,
O Lèto, Niobé te défie et te brave !

LE CHŒUR.

Comme, à l'heure où le vent passe au noir firmament,
Les grands arbres émus se plaignent sourdement,
A ce défi mortel, la craintive assemblée
Fait entendre une voix de mille voix mêlée,
Mais confuse et pareille à ces lointains sanglots
Que poussent dans la nuit les lamentables flots.
L'Aède est tourmenté d'une ardente pensée :
Pâle, les yeux hagards, la tête hérissée,
Depuis que sans retour, ô fière Niobé,
Le blasphème divin de ta lèvre est tombé,
Comme la Pythonisse errante dans le temple,
Il sent venir les Dieux, et son œil les contemple,
Et sa voix les annonce, et ses bras étendus
Semblent guider leurs coups sur nos fronts suspendus !
La voûte du palais flamboie et se disperse
Comme la foudre fait du ciel noir qu'elle perce...
Les lambris de métal tombent étincelants
Sur les mets renversés et les hôtes tremblants...
Chacun fuit au hasard, et la foule mouvante

Se heurte avec des cris de suprême épouvante.
Un Immortel, un Dieu, l'œil sombre, l'arc en main,
Sur les murs vacillants pose un pied surhumain ;
Et la mâle Artémis, ardente à la vengeance,
Au fraternel Archer sourit d'intelligence.
L'arc du Dieu retentit sous le trait assassin ;
Il vole, et de Tantale il va percer le sein.
Comme un jeune arbrisseau dans sa saison première,
La flèche d'Apollôn t'arrache à la lumière :
Tu regardes ta mère, ô jeune infortuné,
Et tu meurs ! — Mieux valait ne jamais être né !
Artémis tend son arc, et la flèche altérée
Boit le sang de Néère à la tête dorée.
Elle tombe, et gémit. L'Archer au carquois d'or
Attache Illionée à son frère Agénor :
Le fer divin, guidé par une main trop sûre,
Les unit dans la mort par la même blessure.
Kallirhoé, tremblante et pâle de terreur,
Veut éviter des Dieux l'implacable fureur :
Elle fuit, et sa mère en son sein la protège ;
Mais Artémis rougit son épaule de neige :
Jusques au cœur glacé le trait mortel l'atteint,
Et la vierge aux doux yeux dans un soupir s'éteint.
Sipyle a réuni tout son jeune courage :
Debout, et l'œil tranquille, il contemple l'orage ;
L'arc sacré frappe en vain son front audacieux,
Le fier adolescent meurt sans baisser les yeux :
Du Dieu de Maionie innocente victime,
Il révèle en mourant sa race magnanime.

Ismène et Kléodos, Phédime et Pélopis
Chancellent tour à tour, pareils à des épis
Que le gai moissonneur, l'âme de plaisir pleine,
Ainsi qu'un blond trésor, amasse dans la plaine.
Ils sont tous là sanglants, vierges, jeunes guerriers,
La tête ceinte encor de myrte ou de lauriers,
Belles et beaux, couchés dans leur blanche khlamyde
Que le sang par endroits teint de sa pourpre humide.
L'une garde en tombant le sourire amoureux
Dont ses lèvres brillaient en des jours plus heureux ;
L'autre, calme, et dormant dans sa pose amollie,
Couvre de ses cheveux son jeune flanc qui plie...
Leurs frères, à leurs pieds, par la Moire surpris,
Gisent amoncelés au milieu des débris.
Amphiôn, à l'aspect de sa famille éteinte,
Dans l'ardente douleur dont son âme est atteinte,
Ouvre son sein royal, et, sous un coup mortel,
Presse le front des siens de son front paternel.
Niobé les contemple, immobile et muette ;
Et, de son désespoir comprimant la tempête,
Seule vivante au sein de ces morts qu'elle aimait,
Elle dresse ce front que nul coup ne soumet.

Comme un grand corps taillé par une main habile,
Le marbre te saisit d'une étreinte immobile :
Des pleurs marmoréens ruissellent de tes yeux ;
La neige du Paros ceint ton front soucieux ;
En flots pétrifiés ta chevelure épaisse
Arrête sur ton cou l'ombre de chaque tresse ;

Et tes vagues regards où s'est éteint le jour,
Ton épaule superbe au sévère contour,
Tes larges flancs, si beaux dans leur splendeur royale
Qu'ils brillaient à travers la pourpre orientale,
Et tes seins jaillissants, ces futurs nourriciers
Des vengeurs de leur mère et des Dieux justiciers,
Tout est marbre! La foudre a consumé ta robe,
Et plus rien désormais aux yeux ne te dérobe.

Que ta douleur est belle, ô marbre sans pareil!
Non, jamais corps divins dorés par le soleil,
Dans les cités d'Hellas jamais blanches statues
De grâce et de jeunesse et d'amour revêtues,
Du sculpteur inspiré songes harmonieux,
Muets à notre oreille et qui chantent aux yeux;
Jamais fronts doux et fiers où la joie étincelle,
N'ont valu ce regard et ce col qui chancelle,
Ces bras majestueux dans leur geste brisés,
Ces flancs si pleins de vie et d'efforts épuisés,
Ce corps où la beauté, cette flamme éternelle,
Triomphe de la mort et resplendit en elle!

On dirait à te voir, ô marbre désolé,
Que du ciseau sculpteur des larmes ont coulé.
Tu vis, tu vis encor! Sous ta robe insensible
Ton cœur est dévoré d'un songe indestructible.
Tu vois de tes grands yeux, vides comme la nuit,
Tes enfants bien aimés que la haine poursuit.
O pâle Tantalide, ô mère de détresse,

Leur regard défaillant t'appelle et te caresse...
Ils meurent tour à tour, et, renaissant plus beaux
Pour disparaître encor dans leurs sanglants tombeaux,
Ils lacèrent ton cœur mieux que les Euménides
Ne flagellent les Morts aux demeures livides !
Oh ! qui soulèvera le fardeau de tes jours ?
Niobé, Niobé ! Souffriras-tu toujours ?

Hylas

C'ÉTAIT l'heure où l'oiseau, sous les vertes feuillées,
Repose, où tout s'endort, les hommes et les Dieux.
Du tranquille Sommeil les ailes déployées
    Pâlissaient le ciel radieux.

Sur les algues du bord, liée au câble rude,
Argô ne lavait plus sa proue aux flots amers,
Et les guerriers épars, rompus de lassitude,
    Songeaient, sur le sable des mers.

Non loin, au pied du mont où croît le pin sonore,
Au creux de la vallée inconnue aux mortels,
Jeunes reines des eaux que Kyanée honore,
    Poursuivant leurs jeux immortels,

Molis et Nikhéa, les belles Hydriades,
Dans la source natale aux reflets de saphir,
Folâtraient au doux bruit des prochaines cascades,
    Loin de Borée et de Zéphyr.

L'eau faisait ruisseler sur leurs blanches épaules
Le trésor abondant de leurs cheveux dorés,
Comme, au déclin du jour, le feuillage des saules
    S'épanche en rameaux éplorés.

Parfois, dans les roseaux, jeunes enchanteresses,
Sous l'avide regard des amoureux Sylvains,
De nacre et de corail enchâssés dans leurs tresses
    Elles ornaient leurs fronts divins.

Tantôt, se défiant, et d'un essor rapide
Troublant le flot marbré d'une écume d'argent,
Elles ridaient l'azur de leur palais limpide
    De leur corps souple et diligent.

Sous l'onde étincelante on sentait leur cœur battre,
De leurs yeux jaillissait une humide clarté,
Le plaisir rougissait leur jeune sein d'albâtre
    Et caressait leur nudité.

Mais voici, dans la brume errante de la plaine,
Beau comme Endymion, l'urne d'argile en main,
Qu'Hylas aux blonds cheveux ceints d'un bandeau de laine
    Parait au détour du chemin.

Nikhéa l'aperçoit : — O ma sœur, vois, dit-elle,
De son urne chargé, ce bel adolescent ;
N'est-ce point, revêtu d'une grâce immortelle,
    De l'Olympe un Dieu qui descend ?

MOLIS.

Des cheveux ondoyants où la brise soupire
Ornent son col d'ivoire; ignorant du danger,
Sur les fleurs et la mousse, avec un doux sourire,
  Il approche d'un pied léger.

NIKHÉA.

Beau jeune homme, salut! Sans doute une Déesse
Est ta mère. — Kypris de ses dons t'a comblé.

MOLIS.

Salut, bel étranger, tout brillant de jeunesse!
Heureux cet humble bord d'être par toi foulé!

NIKHÉA.

Quel propice destin t'a poussé sur nos rives?
Quel soleil a doré tes membres assouplis?
Viens! nous consolerons tes tristesses naïves,
Et nous te bercerons sur nos genoux polis.

MOLIS.

Reste, enfant! ne va plus par les mers vagabondes:
Éole outragerait ta sereine blancheur.
Viens, rouge de baisers, dans nos grottes profondes,
  Puiser l'amour et la fraîcheur. —

Mais Hylas, oubliant son urne demi-pleine,
Et penché sur la source aux mortelles douceurs,
Écoutait, attentif, suspendant son haleine,
  Parler les invisibles Sœurs.

Riant, il regardait dans la claire fontaine...
Soudain par son cou blanc deux bras l'ont attiré ;
Il tombe, et, murmurant une plainte incertaine,
    Plonge sous le flot azuré..

Là, sur le sable d'or et la perle argentée
Molis et Nikhéa le couchent mollement,
Mêlant à des baisers sur leur lèvre agitée
    Le doux nom de leur jeune amant.

Il s'éveille, il sourit, et tout surpris encore,
De la grotte nacrée admirant le contour,
Sur les fluides Sœurs que la grâce décore
    Son œil s'arrête avec amour.

Adieu le toit natal et la verte prairie
Où, paissant les grands bœufs, jeune et déjà pasteur,
Pieux, il suspendait la couronne fleurie
    A l'autel du Dieu protecteur !

Adieu sa mère en pleurs dont l'œil le suit sur l'onde,
Et de qui le Destin à son sort est lié,
Et le grand Hèraklès et Kolkhos et le monde !...
    Il aime, et tout est oublié !

Odes anacréontiques

I

LES LIBATIONS.

Sur le myrte frais et l'herbe des bois,
Au rythme amoureux du mode Ionique,
Mollement couché, j'assouplis ma voix.
Éros, sur son cou nouant sa tunique,
Emplit en riant, échanson joyeux,
Ma coupe d'onyx d'un flot de vin vieux.
La vie est d'un jour sous le ciel antique ;
C'est un char qui roule au stade olympique.
Buvons, couronnés d'hyacinthe en fleurs !
A quoi bon verser les liqueurs divines
Sur le marbre inerte où sont nos ruines,
Ce peu de poussière insensible aux pleurs ?

Assez tôt viendront les heures cruelles,
O ma bien-aimée, et la grande Nuit
Où nous conduirons, dans l'Hadès, sans bruit,
La danse des Morts sur les asphodèles !

II

LA COUPE.

Prends ce bloc d'argent, adroit ciseleur.
N'en fais point surtout d'arme belliqueuse,
Mais bien une coupe élargie et creuse
Où le vin ruisselle et semble meilleur.
Ne grave à l'entour Bouvier ni Pléiades,
Mais le chœur joyeux des belles Mainades,
Et l'or des raisins chers à l'œil ravi,
Et la verte vigne, et la cuve ronde
Où les vendangeurs foulent à l'envi,
De leurs pieds pourprés, la grappe féconde.
Que j'y voie encore Évoé vainqueur,
Aphodite, Éros et les Hyménées,
Et sous les grands bois les vierges menées
La verveine au front et l'amour au cœur !

III

LA TIGE D'ŒILLET.

Éros m'a frappé d'une tige molle
D'œillets odorants récemment cueillis :

Il fuit à travers les sombres taillis,
A travers les prés il m'entraine et vole.
Sans une onde vive où me ranimer,
Je le suis, je cours dès l'aube vermeille;
Mes yeux sont déjà près de se fermer,
Je meurs; mais le Dieu me dit à l'oreille :
Oh! le faible cœur qui ne peut aimer!

IV

LE SOUHAIT.

Du roi Phrygien la fille rebelle
Fut en noir rocher changée autrefois;
La fière Prokné devint hirondelle,
Et d'un vol léger s'enfuit dans les bois.
Pour moi, que ne suis-je, ô chère maîtresse,
Le miroir heureux de te contempler,
Le lin qui te voile et qui te caresse,
L'eau que sur ton corps le bain fait couler,
Le réseau charmant qui contient et presse
Le ferme contour de ton jeune sein,
La perle, ornement de ton col que j'aime,
Ton parfum choisi, ta sandale même,
Pour être foulé de ton pied divin !

V

LA CAVALE.

O jeune cavale, au regard farouche,
Qui cours dans les prés d'herbe grasse emplis,
L'écume de neige argente ta bouche,
La sueur ruisselle à tes flancs polis.
Vigoureuse enfant des plaines de Thrace,
Tu hennis au bord du fleuve mouvant,
Tu fuis, tu bondis, la crinière au vent :
Les daims auraient peine à suivre ta trace.
Mais bientôt, ployant sur tes jarrets forts,
Au hardi dompteur vainement rebelle,
Tu te soumettras, humble et non moins belle,
Et tes blanches dents rongeront le mors !

VI

LE PORTRAIT.

Toi que Rhode entière a couronné roi
Du bel art de peindre, Artiste, entends-moi.
Fais ma bien-aimée et sa tresse noire
Où la violette a mis son parfum,
Et l'arc délié de ce sourcil brun
Qui se courbe et fuit sous un front d'ivoire.

Surtout, Rhodien, que son œil soit bleu
Comme l'onde amère et profond comme elle,
Qu'il charme à la fois et qu'il étincelle,
Plein de volupté, de grâce et de feu !
Fais sa joue en fleur et sa bouche rose,
Et que le Désir y vole et s'y pose !
Pour mieux soutenir le carquois d'Éros,
Que le cou soit ferme et l'épaule ronde !
Qu'une pourpre fine, agrafée au dos,
Flottante, et parfois entr'ouverte, inonde
Son beau corps plus blanc que le pur Paros !
Et sur ses pieds nus aux lignes si belles,
Adroit Rhodien, entrelace encor
Les nœuds assouplis du cothurne d'or,
Comme tu ferais pour les Immortelles !

VII

L'ABEILLE.

Sur le vert Hymette, Éros, un matin,
Dérobait du miel à la ruche attique,
Mais, voyant le Dieu faire son butin,
Une prompte abeille accourt et le pique.
L'enfant tout en pleurs, le Dieu maladroit,
S'enfuit aussitôt, souffle sur son doigt,
Et jusqu'à Kypris vole à tire d'aile,
Oubliant son arc, rouge et courroucé :

— Ma mère, un petit serpent m'a blessé
Méchamment, dit-il, de sa dent cruelle. —
Tel se plaint Éros, et Kypris en rit :
— Tu blesses aussi, mais nul n'en guérit ! —

VIII

LA CIGALE.

O Cigale, née avec les beaux jours,
Sur les verts rameaux dès l'aube posée,
Contente de boire un peu de rosée,
Et telle qu'un roi, tu chantes toujours !
Innocente à tous, paisible et sans ruses,
Le gai laboureur, du chêne abrité,
T'écoute de loin annoncer l'été ;
Apollôn t'honore autant que les Muses,
Et Zeus t'a donné l'Immortalité !
Salut, sage enfant de la terre antique,
Dont le chant invite à clore les yeux,
Et qui, sous l'ardeur du soleil attique,
N'ayant chair ni sang, vis semblable aux Dieux !

IX

LA ROSE.

Je dirai la rose aux plis gracieux.
La rose est le souffle embaumé des Dieux,

Le plus cher souci des Muses divines.
Je dirai ta gloire, ô charme des yeux,
O fleur de Kypris, reine des collines !
Tu t'épanouis entre les beaux doigts
De l'Aube écartant les ombres moroses ;
L'air bleu devient rose, et roses les bois ;
La bouche et le sein des Nymphes sont roses !
Heureuse la vierge aux bras arrondis
Qui dans les halliers humides te cueille !
Heureux le front jeune où tu resplendis !
Heureuse la coupe où nage ta feuille !
Ruisselante encor du flot paternel,
Quand de la mer bleue Aphrodite éclose
Étincela nue aux clartés du ciel,
La Terre jalouse enfanta la rose ;
Et l'Olympe entier, d'amour transporté,
Salua la fleur avec la Beauté !

Le Vase

Reçois, pasteur des boucs et des chèvres frugales,
Ce vase enduit de cire, aux deux anses égales.
Avec l'odeur du bois récemment ciselé,
Le long du bord serpente un lierre entremêlé
D'hélichryse aux fruits d'or. Une main ferme et fine
A sculpté ce beau corps de femme, œuvre divine,
Qui, du péplos ornée et le front ceint de fleurs,
Se rit du vain amour des amants querelleurs.
Sur ce roc, où le pied parmi les algues glisse,
Trainant un long filet vers la mer glauque et lisse,
Un pêcheur vient en hâte; et, bien que vieux et lent,
Ses muscles sont gonflés d'un effort violent.
Une vigne, non loin, lourde de grappes mûres,
Ploie; un jeune garçon, assis sous les ramures,
La garde; deux renards arrivent de côté
Et mangent le raisin par le pampre abrité,

Tandis que l'enfant tresse, avec deux pailles frêles
Et des brins de jonc vert, un piège à sauterelles.
Enfin, autour du vase et du socle Dorien
Se déploie en tous sens l'acanthe Korinthien.

J'ai reçu ce chef-d'œuvre, au prix, et non sans peine,
D'un grand fromage frais et d'une chèvre pleine.
Il est à toi, Berger, dont les chants sont plus doux
Qu'une figue d'Aigile, et rendent Pan jaloux.

Les Plaintes du Cyclope

Certes, il n'aimait pas à la façon des hommes,
Avec des tresses d'or, des roses ou des pommes,
Depuis que t'ayant vue, ô fille de la mer,
Le désir le mordit au cœur d'un trait amer.
Il t'aimait, Galatée, avec des fureurs vraies;
Laissant le lait s'aigrir et sécher dans les claies,
Oubliant les brebis laineuses aux prés verts,
Et se souciant peu de l'immense univers.
Sans trêve ni repos, sur les algues des rives,
Il consumait sa vie en des plaintes naïves,
Interrogeait des flots les volutes d'azur,
Et suppliait la Nymphe au cœur frivole et dur,
Tandis que sur sa tête, à tout vent exposée,
Le jour versait sa flamme et la nuit sa rosée,
Et qu'énorme, couché sur un roc écarté,
Il disait de son mal la cuisante âcreté :

— Plus vive que la chèvre ou la fière génisse,
Plus blanche que le lait qui caille dans l'éclisse,
O Galatée, ô toi dont la joue et le sein
Sont fermes et luisants comme le vert raisin !
Si je viens à dormir aux cimes de ces roches,
A la pointe du pied, furtive, tu m'approches ;
Mais, sitôt que mon œil s'entr'ouvre, en quelques bonds,
Tu m'échappes, cruelle, et fuis aux flots profonds !
Hélas ! je sais pourquoi tu ris de ma prière :
Je n'ai qu'un seul sourcil sur ma large paupière,
Je suis noir et velu comme un ours des forêts,
Et plus haut que les pins ! Mais, tel que je parais,
J'ai des brebis par mille, et je les trais moi-même :
En automne, en été, je bois leur belle crème ;
Et leur laine moelleuse, en flocons chauds et doux,
Me revêt tout l'hiver, de l'épaule aux genoux !
Je sais jouer encore, ô Pomme bien aimée,
De la claire syrinx, par mon souffle animée :
Nul Cyclope, habitant l'Ile aux riches moissons,
N'a tenté jusqu'ici d'en égaler les sons.
Veux-tu m'entendre, ô Nymphe, en ma grotte prochaine ?
Viens, laisse-toi charmer, et renonce à ta haine :
Viens ! Je nourris pour toi, depuis bientôt neuf jours,
Onze chevreaux tout blancs et quatre petits ours !
J'ai des lauriers en fleur avec des cyprès grêles,
Une vigne, une eau vive et des figues nouvelles ;
Tout cela t'appartient, si tu ne me fuis plus !
Et si j'ai le visage et les bras trop velus,
Eh bien ! je plongerai tout mon corps dans la flamme,

Je brûlerai mon œil qui m'est cher, et mon âme !

Si je savais nager, du moins ! Au sein des flots
J'irais t'offrir des lys et de rouges pavots.
Mais, vains souhaits ! J'en veux à ma mère : c'est elle
Qui, me voyant en proie à cette amour mortelle,
D'un récit éloquent n'a pas su te toucher.
Vos cœurs à toutes deux sont durs comme un rocher !
Cyclope, que fais-tu ? Tresse en paix tes corbeilles,
Recueille en leur saison le miel de tes abeilles,
Coupe pour tes brebis les feuillages nouveaux,
Et le temps, qui peut tout, emportera tes maux ! —

C'est ainsi que chantait l'antique Polyphème ;
Et son amour s'enfuit avec sa chanson même,
Car les Muses, par qui se tarissent les pleurs,
Sont le remède unique à toutes nos douleurs.

L'Enfance d'Hèraklès

Orion, tout couvert de la neige du pôle,
Auprès du Chien sanglant montrait sa rude épaule;
L'ombre silencieuse au loin se déroulait.
Alkmène ayant lavé ses fils, gorgés de lait,
En un creux bouclier à la bordure haute,
Héroïque berceau, les coucha côte à côte,
Et, souriant leur dit: — Dormez, mes bien-aimés.
Beaux et pleins de santé, mes chers petits, dormez.
Que la Nuit bienveillante et les Heures divines
Charment d'un rêve d'or vos âmes enfantines! —
Elle dit, caressa d'une légère main
L'un et l'autre enlacés dans leur couche d'airain,
Et la fit osciller, baisant leurs frais visages,
Et conjurant pour eux les sinistres présages.
Alors, le doux Sommeil, en effleurant leurs yeux,
Les berça d'un repos innocent et joyeux.

Ceinte d'astres, la Nuit, au milieu de sa course,
Vers l'occident plus noir poussait le char de l'Ourse.
Tout se taisait, les monts, les villes et les bois,
Les cris du misérable et le souci des rois.
Les Dieux dormaient, rêvant l'odeur des sacrifices ;
Mais, veillant seule, Hèra, féconde en artifices,
Suscita deux dragons écaillés, deux serpents
Horribles, aux replis azurés et rampants,
Qui devaient étouffer, messagers de sa haine,
Dans son berceau guerrier l'Enfant de la Thébaine.

Ils franchissent le seuil et son double pilier,
Et dardent leur œil glauque au fond du bouclier.
Iphiklès, en sursaut, à l'aspect des deux bêtes,
De la langue qui siffle et des dents toutes prêtes,
Tremble, et son jeune cœur se glace, et, pâlissant,
Dans sa terreur soudaine il jette un cri perçant,
Se débat, et veut fuir le danger qui le presse ;
Mais Hèraklès, debout, dans ses langes se dresse,
S'attache aux deux serpents, rive à leurs cous visqueux
Ses doigts divins, et fait, en jouant avec eux,
Leurs globes élargis sous l'étreinte subite
Jaillir comme une braise au delà de l'orbite.
Ils fouettent en vain l'air, musculeux et gonflés,
L'Enfant sacré les tient, les secoue étranglés,
Et rit en les voyant, pleins de rage et de bave,
Se tordre tout autour du bouclier concave.
Puis, il les jette morts le long des marbres blancs,
Et croise pour dormir ses petits bras sanglants.

Dors, Justicier futur, dompteur des anciens crimes,
Dans l'attente et l'orgueil de tes faits magnanimes;
Toi que les pins d'Oita verront, bûcher sacré,
La chair vive, et l'esprit par l'angoisse épuré,
Laisser, pour être un Dieu, sur la cime enflammée,
Ta cendre et ta massue et la peau de Némée !

La Mort de Penthée

Agavé, dont la joue est rose, Antonoé
Avec la belle Inô, ceintes de verts acanthes,
Menaient trois chœurs dansants d'ascétiques Bacchantes
Sur l'âpre Kythairôn aux Mystères voué.
Elles allaient, cueillant les bourgeons des vieux chênes,
L'asphodèle, et le lierre aux ceps noirs enroulé,
Et bâtissaient, unis par ces légères chaînes,
Neuf autels pour Bakkhos et trois pour Sémélé.
Puis, elles y plaçaient, selon l'ordre et le rite,
Le grain générateur et le mystique Van,
Du Dieu qu'elles aimaient la coupe favorite,
La peau du léopard et le thyrse d'Évan.

Dans un lentisque épais, par l'étroit orifice
Du feuillage, Penthée observait tout cela.
Antonoé le vit la première, et hurla,
Bouleversant du pied l'apprêt du sacrifice.

Le profane aussitôt s'enfuit épouvanté;
Mais les femmes, nouant leurs longues draperies,
Bondissaient après lui, pareilles aux Furies,
La chevelure éparse et l'œil ensanglanté.
— D'où vient que la fureur en vos regards éclate,
O femmes? criait-il; pourquoi me suivre ainsi? —
Et de l'ongle et des dents toutes trois l'ont saisi :
L'une arrache du coup l'épaule et l'omoplate;
Agavé frappe au cœur le fils qui lui fut cher;
Inô coupe la tête; et, vers le soir, dans Thèbe,
Ayant chassé cette Ame au plus noir de l'Érèbe,
Elles rentraient, traînant quelques lambeaux de chair.

Malheur à l'insensé que le désir consume
De toucher à l'autel de la main ou des yeux!
Qu'il soit comme un bouc vil sous le couteau qui fume,
Étant né pour ramper, non pour chanter les Dieux!

Hèraklès au Taureau

Le soleil déclinait vers l'écume des flots,
Et les grasses brebis revenaient aux enclos ;
Et les vaches suivaient, semblables aux nuées
Qui roulent sans relâche, à la file entraînées,
Lorsque le vent d'automne, au travers du ciel noir,
Les chasse à grands coups d'aile, et qu'elles vont pleuvoir.
Derrière les brebis, toutes lourdes de laine,
Telles s'amoncelaient les vaches dans la plaine.
La campagne n'était qu'un seul mugissement,
Et les grands chiens d'Élis aboyaient bruyamment.
Puis succédaient trois cents taureaux aux larges cuisses,
Puis deux cents au poil rouge, inquiets des génisses,
Puis douze, les plus beaux et parfaitement blancs,
Qui de leurs fouets velus rafraîchissaient leurs flancs,
Hauts de taille, vêtus de force et de courage,
Et paissant d'habitude au meilleur pâturage.
Plus noble encor, plus fier, plus brave, plus grand qu'eux,
En avant, isolé comme un chef belliqueux,

Phaétôn les guidait, lui, l'orgueil de l'étable,
Que les anciens bouviers disaient à Zeus semblable,
Quand le Dieu triomphant, ceint d'écume et de fleurs,
Nageait dans la mer glauque avec Europe en pleurs.
Or, dardant ses yeux prompts sur la peau léonine
Dont Hèraklès couvrait son épaule divine,
Irritable, il voulut heurter d'un brusque choc
Contre cet étranger son front dur comme un roc.
Mais, ferme sur ses pieds, tel qu'une antique borne,
Le héros d'une main le saisit par la corne,
Et, sans rompre d'un pas, il lui ploya le col,
Meurtrissant ses naseaux furieux dans le sol.
Et les bergers en foule, autour du fils d'Alkmène,
Stupéfaits, admiraient sa vigueur surhumaine,
Tandis que, blancs dompteurs de ce soudain péril,
De grands muscles roidis gonflaient son bras viril.

Khirôn

I

Hèlios, désertant la campagne infinie,
S'incline plein de gloire aux plaines d'Haimonie;
Sa pourpre flotte encor sur la cime des monts.
Le grand fleuve Océan apaise ses poumons,
Et l'invincible Nuit de silence chargée
Déjà d'un voile épais couvre les flots d'Aigée;
Mais, sur le Boibéis, aux rougissantes eaux,
Où l'étalon Lapithe humecte ses naseaux,
Sur la divine Hellas et la mer de Pagase
La robe d'Hèlios se déploie et s'embrase.

Non loin de Péliôn couronné de grands pins,
Par les sentiers touffus, par les vagues chemins,
Les pasteurs, beaux enfants à la robe grossière,
Qui d'un agile élan courent dans la poussière,

Ramènent tour à tour et les bœufs indolents
Dont la lance hâtive aiguillonne les flancs,
Les chèvres aux pieds sûrs, dédaigneuses des plaines,
Et les blanches brebis aux florissantes laines.
Sur de rustiques chars, les vierges aux bras nus
Jettent au vent du soir leurs rires ingénus,
Et tantôt, de narcisse et d'épis couronnées,
Célèbrent Démètèr en chansons alternées.
Durant l'éclat du jour, au milieu des joncs verts,
En d'agrestes cours d'eau, de platanes couverts,
Les unes ont lavé les toiles transparentes,
Les autres ont coupé les moissons odorantes,
Et toutes, délaissant la fontaine ou les champs,
Charment au loin l'écho du doux bruit de leurs chants.

L'heure fuit, le ciel roule et la flamme recule.
La splendide vapeur du flottant crépuscule
S'épanche autour des chars, baignant d'un pur reflet
Ces bras où le sang luit sous la blancheur du lait,
Ces chastes seins, enclos sous le lin diaphane,
Qui jamais n'ont bondi sous une main profane,
Ces cheveux dénoués, beau voile, heureux trésor,
Que le vent amoureux déroule en boucles d'or.
Sur les blés, les tissus, l'une près l'autre assises,
Elles vont unissant leurs chansons indécises,
Leurs rires éclatants! Et les jeunes pasteurs
S'empressent pour les voir, et par des mots flatteurs
Caressent en passant leur vanité cachée.
Tels, quittant la montagne en son repos couchée,

Ces beaux enfants d'Hellas aux immortels échos
Poussent troupeaux et chars vers les murs d'Iolkos.

Mais voici qu'au détour de la route poudreuse
Un étranger s'avance; et cette foule heureuse
Le regarde et s'étonne, et du geste et des yeux
S'interroge aussitôt. Il approche. Les Dieux
D'un sceau majestueux ont empreint son visage.
Dans ses regards profonds règne la paix du sage.
Il marche avec fierté. Sur ses membres nerveux
Flotte le lin d'Égypte aux longs plis. Ses cheveux
Couvrent sa vaste épaule, et dans sa main guerrière
Brille aux yeux des pasteurs la lance meurtrière.
Silencieux, il passe, et les adolescents
Écoutent résonner au loin ses pas puissants.
C'est un Dieu! pensent-ils; et les vierges troublées
S'entretiennent tout bas en groupes rassemblées.
Mais, semblable au lion, le divin voyageur
S'éloigne sans les voir, pacifique et songeur.

La nuit emplit les cieux; le Péliôn énorme
Aux lueurs d'Hékata projette au loin sa forme;
Et sur la cime altière où dorment les forêts
Les astres immortels dardent leurs divins traits.

Il marche. Il a franchi les roches dispersées,
Formidables témoins des querelles passées,
Alors que les Géants, de leurs solides mains,
Bâtissaient vers les cieux d'impossibles chemins,
Et que Zeus, ébranlant l'escalier granitique,

De ces monts fracassés couvrit la Terre antique.
Entre deux vastes blocs, au creux d'un noir vallon,
Non loin d'un bois épais que chérit Apollôn,
Un antre offre aux regards sa cavité sonore.
Le seuil en est ouvert ; car tout mortel honore
Cet asile d'un sage, et l'on dit que les Dieux
De leur présence auguste ont consacré ces lieux.
Deux torches d'olivier, de leur flamme géante,
Rougissent les parois de la grotte béante.
Là, comme un habitant de l'Olympe éthéré,
Mais par le vol des ans fugitifs effleuré,
Khirôn aux quatre pieds, roi de la solitude,
Sur la peau d'un lion, couche rude et nocturne,
Est assis, et le jeune Aiakide, au beau corps,
Charme le grand vieillard d'harmonieux accords.
La lyre entre ses doigts chante comme l'haleine
De l'Euros au matin sur l'écumante plaine.
A ce bruit, l'Étranger marche d'un pas hâtif,
Et sur le seuil de pierre il s'arrête attentif.
Mais Khirôn l'aperçoit ; il délaisse sa couche ;
Un rire bienveillant illumine sa bouche ;
Il interrompt l'enfant à ses pieds interdit,
Et, saluant son hôte, il l'embrasse et lui dit :

— Orphée aux chants divins, que conçut Kalliope,
En une heure sacrée, aux vallons du Rhodope
Que baigne le Strymôn d'un cours aventureux !
O magnanime roi des Kylones heureux !
Dieu mortel de l'Hémos, qui vis le noir rivage,

Ta présence m'honore, et mon antre sauvage
N'a contenu jamais, entre tous les humains,
Un hôte tel que toi, Chanteur aux belles mains !
Ta gloire a retenti des plaines Helléniques
Jusqu'aux fertiles bords où les Géants antiques
Gémissent, et souvent mon oreille écouta,
De la Thrace glacée aux cimes de l'Oita,
Les sons mélodieux de ta lyre honorée
Voler dans l'air ému sur l'aile de Borée.
Déjà par l'âge éteints, jamais mes faibles yeux
Ne t'avaient contemplé, mortel semblable aux Dieux !
J'en atteste l'Olympe et la splendeur nocturne,
Ta vue a réjoui ma grotte taciturne.
Entre ! repose-toi sur ces peaux de lion.
Dans les vertes forêts du sombre Péliôn,
Jadis, en mes beaux jours de force et de courage,
J'immolai de mes mains ces lions pleins de rage.
Maintenant leur poil fauve est propice au repos,
Plus que la toison blanche arrachée aux troupeaux.
Et toi, fils de Thétis, enfant au pied agile,
Verse l'onde qui fume en cette urne d'argile,
Et de mon hôte illustre, aux accents inspirés,
D'une pieuse main lave les pieds sacrés. —

Il dit, et le jeune homme, à sa voix vénérée,
Saisit l'urne, d'acanthe et de lierre entourée.
Une eau pure et brûlante y coule ; et, gracieux,
Il s'approche d'Orphée aux chants harmonieux :
— O Roi ! mortel issu d'une race divine,

Permets que je te serve. — Et son genou s'incline,
Et ses cheveux dorés, au Sperkhios voués,
Sur son front qui rougit s'épandent dénoués.
Le sage lui sourit, l'admire et le caresse :
— Que le grand Zeus, mon fils, à ton sort s'intéresse !—
Le Péléide alors lave ses pieds fumants,
Agrafe le cothurne aux simples ornements,
Puis écoute, appuyé sur sa pique de hêtre,
L'harmonieuse voix qui répond à son maître.
Tel, le jeune Bakkhos, dans les divins conseils,
S'accoude sur le thyrse aux longs pampres vermeils.

— Interdit devant toi, fils de Kronos, ô sage,
A peine j'ose encor contempler ton visage ;
Et je doute en mon cœur que les Destins amis
Aient vers le grand Khirôn guidé mes pas soumis.
Salut, divin vieillard, plein d'un esprit céleste !
Que jamais Érinnys, dans sa course funeste,
Ne trouble le repos de tes glorieux jours !
O sage, vis sans cesse, et sois heureux toujours !
La vérité, mon père, a parlé par ta bouche :
Kalliope reçut Oiagre dans sa couche.
Je suis né sur l'Hémos de leurs embrassements.
Pour braver Poseidôn et les flots écumants,
J'ai quitté sans regrets la verte Bistonie
Où des rythmes sacrés j'enchaînais l'harmonie ;
Et la riche Iolkos m'a reçu dans son sein.
Là, sur le bord des mers, comme un bruyant essaim,
Cinquante rois couverts de brillantes armures,

Poussant jusques aux cieux de belliqueux murmures,
Autour d'une nef noire aux destins hasardeux
Attendent que ma voix te conduise auprès d'eux.
Sur la plage marine où j'ai dressé ma tente,
Environnant mon seuil de leur foule éclatante,
Tous m'ont dit : — Noble Orphée aux paroles de miel,
De qui la lyre enchante et la terre et le ciel,
Va ! sois de nos désirs le puissant interprète ;
Que le sage Centaure à te suivre s'apprête,
Puisque des Minyens les héros assemblés,
Au delà des flots noirs par l'orage troublés,
Las d'un lâche repos et d'une obscure vie,
Vont chercher la Toison qu'un Dieu nous a ravie.
Rappelle-lui Phryxos avec la blonde Hellé,
Rejetons d'Athamas, que conçut Néphélé,
Alors qu'abandonnant les rives d'Orkhomène
Ils fuyaient vers Aia leur marâtre inhumaine.
Et le Bélier divin les portait sur les mers.
La jeune Hellé tomba dans les gouffres amers ;
Et Phryxos, pour calmer son ombre fraternelle,
Immola dans Kolkhos ce nageur infidèle.
Il suspendit lui-même, au milieu des forêts,
La brillante toison dans le temple d'Arès ;
Et depuis, un dragon aux Dieux mêmes terrible
Veille sur ce trésor, gardien incorruptible.
Immense, vomissant la fumée et le feu,
De ses mouvants anneaux il entoure ce lieu.
Il n'a dormi jamais, et tout son corps flamboie ;
Il rugit en lion, en molosse il aboie ;

Comme l'aigle, habitant d'Athos aux pics déserts,
Il vole, hérissé d'écailles, dans les airs !
Il rampe, il se redresse, il bondit dans la plaine
Mieux qu'un jeune étalon à la puissante haleine ;
Et dans la sombre nuit, comme aux clartés du ciel,
Il darde incessamment un regard éternel.
Va donc, cher compagnon, harmonieux Orphée ;
Présente à ses regards cet immortel trophée ;
Va ! Qu'il cède à nos vœux et qu'il règne sur nous
Ses disciples anciens embrassent ses genoux :
Aux luttes des héros il forma leur jeunesse,
Et leur âge viril implore sa sagesse. —

Vieillard ! tels m'ont parlé ces pasteurs des humains
Nourris de ton esprit, élevés par tes mains :
Le puissant Hèraklès, fils de Zeus et d'Alkmène,
Qui déploie en tous lieux sa force surhumaine,
Et qui naquit dans Thèbe, alors que le soleil
Cacha durant trois jours son éclat sans pareil ;
Tiphys, le nautonier, qui de ses mains habiles
Conduit les noires nefs sur les ondes mobiles ;
Kastôr le Tyndaride et dompteur de coursiers ;
Et Celui qu'Eurotas, en ses roses lauriers,
Vit naître avec Hélène au berceau renommée,
Sous les baisers du Dieu dont Léda fut aimée ;
Le léger Méléagre, appui de Kalydon ;
Boutès à qui Pallas d'un glaive d'or fit don ;
Pélée et Télamôn, Amphiôn de Pallène,
Et le bel Eurotos cher au Dieu de Kyllène ;

Le cavalier Nestôr, et Lyncée aux grands yeux
Qui du regard pénètre et la terre et les cieux,
Et les profondes mers, et les abîmes sombres
Où l'implacable Aidès règne au milieu des Ombres;
Et vingt autres héros, avec le fils bien né
D'Aisôn, brave, prudent et fier comme Athènè.
Je supplie avec eux ta sagesse profonde.
Sur leur respect pour toi tout leur espoir se fonde.
Parle! que répondrai-je à ces rois belliqueux?
Ils n'attendent qu'un chef, mais Argô n'attend qu'eux.
J'écoute, car, demain, dès l'aurore naissante,
Il me faut retourner vers la mer mugissante.

— Les Dieux, dit le Centaure, ont habité parfois
Les bruyantes cités, et les monts et les bois,
Alors que de l'Olympe abandonnant l'enceinte
Ils dérobaient l'éclat de leur majesté sainte.
Ainsi, roi de la Thrace, à tes augustes traits,
Je me souviens du Dieu qui lance au loin les traits.
Tel, exilé des cieux, pasteur de Thessalie,
Je le vis s'avancer dans la plaine embellie;
Son port majestueux, ses chants le trahissaient,
Et les Nymphes des bois sur ses pas s'empressaient.
Ta parole, mon hôte, est douce à mon oreille,
Nulle voix à la tienne ici-bas n'est pareille;
Mais, comme un roi puissant à des enfants épars
Dispense ses trésors en d'équitables parts,
L'impassible Destin, obéi des Dieux mêmes,
Ordonne l'Univers de ses décrets suprêmes.

Le Destin sait, voit, juge! Et tous lui sont soumis,
Et jamais il ne tient que ce qu'il a promis.
Repose-toi, mon hôte, et daigne en ma retraite
Calmer la sombre faim. Cher Péléide, apprête
Et le miel et le vin et nos agrestes mets.
Bientôt, roi de la Thrace, ô chanteur, qui soumets
Au joug mélodieux les forêts animées,
Les sources des vallons de tes accents charmées,
Et les rochers émus et les bêtes des bois,
Bientôt le noir Destin parlera par ma voix.
Le Destin dévorant, sourd comme l'onde amère,
Engloutit à son jour toute chose éphémère,
O fils d'Oiagre! Et moi, par Kronos engendré,
Qui dus être immortel, dont l'âge immesuré
De générations embrasse un vaste nombre,
Moi qui de l'avenir perce le voile sombre...
Il me semble qu'hier j'ai vu les premiers cieux!
Que Phyllire, ma mère, en son amour joyeux,
Hier en ses doux bras abritait ma faiblesse!
Ne touché-je donc pas à l'aride vieillesse?
N'ai-je pas sur la terre usé de mes pieds durs
La tombe des héros tombés comme fruits mûrs?
Et cet âge éternel qu'on daigna me promettre,
Est-ce un rapide jour qui semble toujours naître?
Sombre Destin, pensée où tout est résolu,
O Destin, tout mourra quand tu l'auras voulu! —

Et durant ce discours, Orphée aux yeux splendides,
Lisant sur ce grand front tout sillonné de rides

La profonde pensée et le secret du Sort,
Croit voir un Dieu couvert des ombres de la mort.
Cependant il se tait et respecte le sage;
Nul orgueil de savoir ne luit sur son visage;
Il attend que Khirôn, assouvissant sa faim,
L'invite à l'écouter et lui réponde enfin.
Le fier adolescent à la tête bouclée,
Fils de la Néréide et du divin Pélée,
Achille au cœur ardent, tel qu'un jeune lion
Qui joue en son repaire aux flancs du Pélion,
S'empresse autour d'Orphée et du sage Centaure.
Souriant, il leur verse un doux vin qui restaure;
Puis, sur un disque, il sert un tendre agneau fumant
Et des gâteaux de miel avec un pur froment.
Parfois, le grand vieillard qui naquit de Phyllire
Et le roi de la Thrace à la puissante lyre
Admirent en secret cet enfant glorieux,
Le plus beau des mortels issus du sang des Dieux.
Déjà sa haute taille avec grâce s'élance
Comme un pin des forêts que la brise balance;
Une flamme jaillit de son œil courageux;
Et, soit qu'il s'abandonne aux héroïques jeux,
Soit qu'il fasse vibrer entre ses mains fécondes
La lyre aux chants divins, mélodieuses ondes;
Comme un nuage d'or, diaphane et mouvant,
A voir ses longs cheveux flotter au libre vent
Et sur son col d'ivoire errer pleins de mollesse;
A voir ses reins brillants de force et de souplesse,
Son bras blanc et nerveux au geste souverain

Qui soutient sans ployer un bouclier d'airain,
Les deux sages déjà, devançant les années,
Déroulent dans leurs cœurs ses grandes destinées.

Mais le festin s'achève, et sur sa large main
Le Centaure pensif pose un front surhumain.
Un long rêve surgit dans son âme profonde.
Son œil semble chercher un invisible monde;
Son oreille, attentive aux bruits qui ne sont plus,
Entend passer l'essaim des siècles révolus :
Il s'enflamme aux reflets de leur antique gloire,
Comme au vivant soleil luit une tombe noire!
Tels qu'un écho lointain qui meurt au fond des bois,
Des sons interrompus expirent dans sa voix,
Et de son cœur troublé l'élan involontaire
Fait qu'il frappe soudain des quatre pieds la terre.
Comme pour embrasser des êtres bien aimés,
Il ouvre à son insu des bras accoutumés;
Il remonte les temps, il s'écrie, il appelle,
Et sur son front la joie à la douleur se mêle.
Enfin sa voix résonne et s'exhale en ces mots,
Comme le vent sonore émeut les noirs rameaux :

II

— Oui! j'ai vécu longtemps sur le sein de Kybèle..
Dans ma jeune saison que la Terre était belle!
Les grandes eaux naguère avaient de leurs limon
Reverdi dans l'Aithèr les pics altiers des monts.

Du sein des flots féconds les humides vallées,
De nacre et de corail et de fleurs étoilées,
Sortaient, telles qu'aux yeux avides des humains
De beaux corps ruisselants du frais baiser des bains,
Et fumaient au soleil comme des urnes pleines
De parfums d'Ionie aux divines haleines !
Les cieux étaient plus grands! D'un souffle généreux
L'air subtil emplissait les poumons vigoureux ;
Et plus que tous, baigné des forces éternelles,
Des aigles de l'Athos je dédaignais les ailes !
Sur la neige des mers Aphrodite, en riant,
Comme un rêve enchanté, voguait vers l'Orient...
De sa conque, flottant sur l'onde qui l'arrose,
La nacre aux doux rayons reflétait son corps rose,
Et l'Euros caressait ses cheveux déroulés,
Et l'écume baisait ses pieds immaculés ;
Les Kharites en rond sur la mer murmurante
Emperlaient en nageant leur blancheur transparente,
Et les Rires légers, dans leurs jeunes essors,
Guidaient la Conque bleue et ses divins trésors !

O vous, plaines d'Hellas ! O montagnes sacrées,
De la Terre au grand sein mamelles éthérées !
O pourpre des couchants ! ô splendeur des matins !
O fleuves immortels, qu'en mes jeux enfantins
Je domptais du poitrail, et dont l'onde écumante,
Neige humide, flottait sur ma croupe fumante !
Oui ! j'étais jeune et fort ; rien ne bornait mes vœux :
J'étreignais l'univers entre mes bras nerveux ;

L'horizon sans limite aiguillonnait ma course,
Et j'étais comme un fleuve égaré de sa source,
Qui, du sommet des monts soudain précipité,
Flot sur flot s'amoncelle et roule avec fierté.
Depuis que sur le sable où la mer vient bruire
Kronos m'eut engendré dans le sein de Phyllire,
J'avais erré, sauvage et libre sous les airs,
Emplissant mes poumons du souffle des déserts
Et fuyant des mortels les obscures demeures.
Je laissais s'envoler les innombrables heures :
De leur rapide essor rival impétueux,
L'orage de mon cœur au cours tumultueux
Mieux qu'elles, dans l'espace et l'ardente durée,
Entrainait au hasard ma force inaltérée !
Et pourtant, comme au sein des insondables mers,
Tandis que le Notos émeut les flots amers,
L'empire de Nérée, à nos yeux invisible,
Ignore la tourmente et demeure impassible ;
Dans l'abime inconnu de mon cœur troublé, tel
J'étais calme, sachant que j'étais immortel !
O jours de ma jeunesse, ô saint délire, ô force !
O chênes dont mes mains brisaient la rude écorce,
Lions que j'étouffais contre mon sein puissant,
Monts témoins de ma gloire et rougis de mon sang !
Jamais, jamais mes pieds, fatigués de l'espace,
Ne suivront plus d'en bas le grand aigle qui passe ;
Et, comme aux premiers jours d'un monde nouveau-né,
Jamais plus, de flots noirs partout environné,
Je ne verrai l'Olympe et ses neiges dorées

Remonter lentement aux cieux hyperborées!

— O Khirôn, dit Orphée, éloigne de ton cœur
Ces indignes regrets dont le sage est vainqueur.
Ton destin fut si beau parmi nos destins sombres,
Les siècles de la terre, à nos yeux couverts d'ombres,
Sous ton large regard ont passé si longtemps,
Et ta vie est si pleine, ô fils aîné du Temps,
Que l'auguste science en ton sein amassée
Doit calmer pour jamais ta grande âme blessée.
Daigne instruire plutôt mes esprits incertains :
Dis-moi des peuples morts les antiques destins,
Les luttes des héros et la gloire des sages,
Et le déroulement fatidique des âges ;
Dis-moi les Dieux armés contre les fils du Ciel,
Asseyant dans l'Olympe un empire éternel,
Et les vaincus tombant sous les monts qui s'écroulent,
Et Zeus précipitant ses triples feux qui roulent,
Et la Terre, attentive à ces combats géants,
Engloutissant les morts dans ses gouffres béants.

— La sagesse est en toi, fils d'une noble Muse
Tu dis vrai, car Kronos à nos vœux se refuse :
Implacable, et toujours avide de son sang,
Il m'emporte moi-même en son vol incessant,
Et les larmes jamais, dans sa fuite éternelle,
N'ont fléchi ce Dieu sourd qui nous fauche de l'aile.
Tu sais, tu sais déjà, noble Aède, — tes yeux
Ont lu jusques au fond de mon cœur soucieux, —

Que, tel qu'un voyageur errant quand la nuit tombe,
Mon immortalité s'est heurtée à la tombe!
Je mourrai! Le Destin m'attend au jour prescrit.
Mais ta voix, ô mon fils, a calmé mon esprit.
Les justes Dieux, comblant mon orgueilleuse envie,
Bien au delà des temps ont prolongé ma vie,
Et si je dois tomber comme un guerrier vaincu,
Calme je veux mourir, ainsi que j'ai vécu.
Écoute! des vieux jours je te dirai l'histoire.
Leurs vastes souvenirs dormaient dans ma mémoire,
Mais ta voix les réveille, et ces jours glorieux
Vont éclairer encor leur ciel mystérieux.
O mon hôte! aussi loin que mon regard se plonge,
Aux bornes du passé qui flotte comme un songe,
Quand la Terre était jeune et quand je respirais
Les souffles primitifs des monts et des forêts;
Des sereines hauteurs où s'épandait ma vie,
Quand j'abaissais ma vue étonnée et ravie,
A mes pieds répandu, j'ai contemplé d'abord
Un peuple qui des mers couvrait le vaste bord.
De noirs cheveux tombaient sur les larges épaules
De ces graves mortels avares de paroles,
Et qui, de Pélasgos, fils de la Terre, issus,
S'abritaient à demi de sauvages tissus.
Au sol qui les vit naître enracinés sans cesse,
Ils paissaient leurs troupeaux, pacifique richesse,
Sans que les flots profonds ou les sombres hauteurs
Eussent tenté jamais leurs pas explorateurs.
Arès au casque d'or, aux yeux pleins de courage,

Dans la paix de leurs cœurs ne jetait point l'orage :
Ignorant les combats, ils taillaient au hasard
De leurs grossières mains de noirs abris, sans art ;
Et du sein de ces blocs où paissaient les cavales
D'inhabiles clameurs montaient par intervalles,
Cris des peuples enfants qui, simples et pieux,
Sentaient bondir leurs cœurs en présence des cieux.
Car les temples sacrés, les cités sans pareilles,
Les hymnes qui des Dieux enchantent les oreilles,
Dans le sein de la Terre et des mortels futurs
Dormaient prédestinés à des siècles plus mûrs.
Sur la haute montagne où s'allumait l'aurore,
Interrogeant les Dieux, qui se taisaient encore
Et dans mon jeune esprit prêt à le contenir
Déposaient par éclairs le splendide avenir,
Souvent je méditais, dans le repos de l'âme,
Sur ces peuples pieux, purs de crime ou de blâme,
Et je tournais parfois mes regards réfléchis
Vers les noirs horizons que le Nord a blanchis.

Cependant, Artémis, la Vierge aux longues tresses,
Menant le chœur léger des fières chasseresses,
Sur la cime des monts à mes pas familiers
Poursuivait les grands cerfs à travers les halliers.
Je rencontrai bientôt la Déesse virile
Qui d'un chaste tissu couvre son flanc stérile.
L'arc d'ivoire à la main et les yeux animés,
Excitant de la voix ses lévriers aimés,
Et parfois confiant aux échos des montagnes

Les noms mélodieux de ses belles compagnes,
Elle marchait, rapide, et sa robe de lin
Par une agrafe d'or à son genou divin
Se nouait, et les bois, respectant la Déesse,
S'écartaient au devant de sa mâle vitesse.

Je reposais au pied d'un chêne aux noirs rameaux,
Les mains teintes encor du sang des animaux ;
Car depuis qu'Hèlios dont le monde s'éclaire
Avait poussé son char dans l'azur circulaire,
Par les taillis épais d'arbustes enlacés,
Sur les rochers abrupts de mousses tapissés,
Sans relâche, j'avais de mes mains meurtrières
Percé les cerfs légers errant dans les clairières,
Et, des fauves lions suivant les pas empreints,
D'un olivier noueux brisé leurs souples reins.
Artémis s'arrêta sous le chêne au tronc rude,
Et d'une voix divine emplit la solitude :

— Khirôn, fils de Kronos, habitant des forêts,
Dont la main est habile à disposer les rets,
Et qui, sur le sommet de mes vastes domaines,
Coules des jours sereins loin des rumeurs humaines,
Centaure, lève-toi ! les Dieux te sont amis.
Sois le cher compagnon que leurs voix m'ont promis
Et sur le vert Kynthios ou l'Érymanthe sombre,
Sur le haut Péliôn noirci de pins sans nombre,
Aux crêtes des rochers où l'aigle fait son nid,
Viens fouler sur mes pas la mousse et le granit.

Viens ! Que toujours ta flèche, à ton regard fidèle,
Atteigne aux cieux l'oiseau qui fuit à tire d'aile ;
Que jamais dans sa rage un hardi sanglier
Ne baigne de ton sang les ronces du hallier !
Compagnon d'Artémis, invincible comme elle,
Viens illustrer ton nom d'une gloire immortelle ! —

Et je dis : — O Déesse intrépide des bois,
Qui te plais aux soupirs des cerfs, aux longs abois
Des lévriers lancés sur la trace odorante ;
Vierge au cœur implacable, et qui, toujours errante,
Tantôt pousses des cris féroces, l'arc en main,
L'œil brillant, et tantôt, au détour du chemin,
Sous les rameaux touffus et les branches fleuries,
Entrelaces le chœur de tes Nymphes chéries,
Artémis ! je suivrai tes pas toujours changeants,
J'atteindrai pour te plaire, en mes bonds diligents,
Les biches aux pieds prompts et les taureaux sauvages
Qui troublent, mugissants, les bois et les rivages,
Si tu daignes, Déesse, accorder à mes vœux
La blanche Kharikhlô, la Nymphe aux blonds cheveux,
Qui s'élève, au milieu de ses sœurs effacées,
Comme un peuplier vert aux cimes élancées ! —

La Déesse sourit ; et, chasseur courageux,
Depuis dans les forêts je partageai ses jeux.
Mais quand, pour d'autres bords, la Vierge Latoïde,
Lasse de la vallée ou de la cime aride,
De ses Nymphes suivie, à l'horizon des flots

Volait vers Ortygie ou la sainte Délos,
Je déposais mon arc et mes flèches sanglantes,
Et, le front incliné sur les divines plantes,
Je méditais Kybèle au sein mystérieux,
Vénérable à l'esprit, éblouissante aux yeux.

Tels étaient mes loisirs, ô Chanteur magnanime !
Tel je vivais heureux sur la terre sublime,
Toujours l'oreille ouverte aux bruits universels,
Souffles des cieux, échos des parvis immortels,
Voix humaines, soupirs des forêts murmurantes,
Chansons de l'Hydriade au sein des eaux courantes;
Et formant, sans remords, le tissu de mes jours
De force et de sagesse et de chastes amours.
Oui, tel j'étais, mon hôte, en ma saison superbe !
Je buvais l'eau du ciel et je dormais sur l'herbe,
Et parfois, à l'abri des bois mystérieux,
Comme fait un ami, j'entretenais les Dieux !
En ce temps, sur l'Ossa ceint d'éclatants orages
J'errais, et sous mes pieds flottaient les lourds nuages,
Quand au large horizon par ma vue embrassé,
Où sommeille Borée en son antre glacé,
Je vis, couvrant les monts et noircissant les plaines,
Attiédissant les airs d'innombrables haleines,
Incessant, et pareil aux épais bataillons
Des avides fourmis dans le creux des sillons,
Un peuple armé surgir ! Des chevelures blondes,
Sur leurs dos blancs et nus, en boucles vagabondes
Flottaient, et les échos des monts qui s'ébranlaient

De leurs chants belliqueux s'emplissaient et roulaient.
Telle, la vieille mer aux forces formidables
Amasse un noir courroux dans ses flots insondables,
Se gonfle, se déroule, et, sous l'effort des vents,
A l'assaut des grands caps pousse ses flots mouvants :
L'Olympe tremble au bruit, et la rive pressée
Palpite sous le poids, d'écume hérissée.
Ainsi ce peuple fier, aux combats sans égaux,
Heurte dans son essor l'antique Pélasgos ;
Et sur ces bords bercés d'un repos séculaire,
Pour la première fois a rugi la Colère.

Les troupeaux éperdus, au hasard dispersés,
Mugissent dans la flamme et palpitent percés ;
Comme au vent orageux volent les feuilles sèches,
Les airs sont obscurcis d'un nuage de flèches...
Superbe et furieux, l'étalon hennissant
Traîne les chars d'airain dans un fleuve de sang ;
Et la clameur féroce, aux lèvres écumantes,
Les suprêmes soupirs, les poitrines fumantes,
Les têtes bondissant loin du tronc palpitant,
Le brave, aimé des Dieux, qui tombe en combattant,
Le lâche qui s'enfuit, la vieillesse, l'enfance,
Et la vierge au corps blanc qu'un fer cruel offense,
Tout ! cris, soupirs, courage, ardeur, efforts virils,
Tout proclame l'instant des suprêmes périls,
L'heure sombre où l'Érèbe en ses parois profondes
Engloutit par essaims les races vagabondes,
Jusqu'au jour éternel où leurs restes épars

Dans le repos premier rentrent de toutes parts,
Et, d'une vie antique effaçant le vestige,
Unissent dans la mort les rameaux à la tige.

Les Pasteurs, refoulés par ces torrents humains,
Se frayaient, gémissants, d'inhabiles chemins.
Emportant de leurs Dieux les géantes images,
Les uns par grands troupeaux fuyaient sur les rivages
Les autres, unissant les chênes aux troncs verts,
Allaient chercher sur l'onde un meilleur univers...
Et quand tout disparut, race morte ou vivante,
Moissonnée en monceaux ou prise d'épouvante,
Je vis, sur les débris de ce monde effacé,
Un nouveau monde croître, et, vers les cieux poussé,
Comme un chêne noueux aux racines sans nombre,
Épancher sur le sol sa fraîcheur et son ombre ;
Tandis que du Destin l'oracle originel,
Parlant une autre langue aux abîmes du ciel,
Sous mes yeux éblouis déroulait à cette heure
Le sort plus glorieux d'une race meilleure.
Alors, je descendis du mont accoutumé
Chez ce peuple aux beaux corps des Immortels aimé.
Ainsi, l'aigle, lassé de la nue éternelle,
Dans l'ombre des vallons vient reposer son aile.
Roi de l'Hémos ! ma voix aux superbes dédains
N'avait jamais frappé l'oreille des humains ;
Jamais encor mes bras n'avaient de leur étreinte
Dans un cœur ennemi fait palpiter la crainte ;
J'ignorais la colère et les combats sanglants ;

Et, fier de quatre pieds aux rapides élans,
De ma force éprouvée aux lions redoutable,
J'irritai dans sa gloire une race indomptable.
L'insensée ignorait que le fer ni l'airain
Ne pouvaient entamer mon corps pur et serein,
Semblable, sous sa forme apparente, à l'essence
Des impalpables Dieux. Ma céleste naissance,
Le sentiment profond de ma force, ou plutôt
L'inexorable Arès qui m'enflammait d'en haut,
Excitant mon courage à la lutte guerrière,
Rougit d'un sang mortel ma flèche meurtrière.
Que de héros anciens dignes de mes regrets,
Sur la rive des mers, dans l'ombre des forêts,
Race hardie, en proie à ma fureur première,
J'arrachai, noble Orphée, à la douce lumière!
Peut-être que, vengeant le divin Pélasgos,
J'allais d'un peuple entier déshériter Argos,
Si la grande Athènè, Déesse tutélaire,
N'eût brisé le torrent d'une aveugle colère.
J'ensevelis les morts que j'avais immolés,
J'honorai leur courage et leurs mânes troublés ;
Et la Paix souriante, aux mains toujours fleuries,
Apaisa pour jamais nos âmes aguerries.

Mais, à peine échappée aux combats dévorants,
La Terre tressaillit sous des efforts plus grands ;
Et, comme aux jours anciens où tomba Prométhée,
L'Aithèr devint semblable à la mer agitée.
Les astres vacillaient dans l'écume des cieux,

Et la nue au flanc d'or, voile mystérieux,
En des lambeaux de feu déchirée et flottante,
Montrait des pâles Dieux la foule palpitante!
La clameur des mortels roulait, les flots grondaient
Et d'eux-mêmes, au loin, en sanglots s'épandaient,
Comme de noirs captifs qui, dans l'ombre nocturne
Redemandent la vie à l'écho taciturne
Et désespérément se heurtent front sur front.
Or, la Terre vengeait enfin l'antique affront
Du Dieu source des Dieux, que de sa faux cruelle
Mon père mutila dans la voûte éternelle,
Alors que, débordant comme un fleuve irrité,
Le Sang subtil coula du ciel épouvanté,
Et qu'en flots clandestins la divine Semence
Féconda lentement la Terre au sein immense!

Donc, du crime infini formidables vengeurs,
Naquirent tout armés les Géants voyageurs,
Monstres de qui la tête était ceinte de nues,
Dont le bras ébranlait les montagnes chenues,
Et qui, toujours marchant, secouaient d'un pied lourd
Les entrailles du monde et jusqu'à l'Hadès sourd!
De leurs soixante voix l'injure irrésistible
Retentit tout à coup dans l'Olympe paisible...
Mais ne pouvant porter au sein des larges cieux,
Terreur des Immortels, leurs fronts audacieux,
Les premiers, Diophore et l'informe Encelade
De l'Empire céleste ont tenté l'escalade!

L'Hémos déraciné sur l'Ossa s'est dressé,
Puis tous deux sur Athos, qui rugit, crevassé,
Quand le noir Péliôn sur tous trois s'amoncelle!
L'échelle monstrueuse en sa hauteur chancelle;
Mais, franchissant d'un bond ses immenses degrés,
Les Géants vont heurter les palais éthérés.
Tout tremble! En vain la foudre au bras de Zeus s'embrase;
Sous leurs blocs meurtriers dont la lourdeur écrase,
Les enfants d'Ouranos vont briser de leurs mains
L'Olympe éblouissant vénéré des humains.
Des Dieux inférieurs la foule vagabonde
Par les sentiers du ciel fuit aux confins du monde;
Et peut-être en ce jour, dispersant leurs autels,
L'Érèbe dans son sein eût pris les Immortels,
Si, changeant d'un seul coup la défaite mobile,
Athènè n'eût percé Pallas d'un trait habile.

Alors, du Péliôn soudain précipité,
Encelade recule, et, d'un front indompté,
Il brave encor des Dieux la colère implacable;
Mais le fumant Aitna de tout son poids l'accable :
Il tombe enseveli. Vainement foudroyé,
Diophore a saisi Pallas pétrifié;
A la fille de Zeus, de son bras athlétique,
Il le lance, et le corps du Géant granitique
Retombe en tournoyant et brise son front dur
Comme le pied distrait écrase le fruit mûr.
Polybote éperdu fuit dans la mer profonde,
Et ses reins monstrueux dominent au loin l'onde,

Et de ses larges pas, mieux que les lourds vaisseaux,
Il franchit sans tarder l'immensité des eaux;
Poseidôn l'aperçoit; de ses bras formidables
Il enlève Nysire et ses grèves de sables
Et ses rochers moussus; il la dresse dans l'air:
Et l'île aux noirs contours vole comme l'éclair,
Gronde, frappe; et les os du géant qui succombe
Blanchissent les parvis de son humide tombe.
Tous croulent dans l'Hadès, où neuf fois, de ses flots,
La Styx qui les étreint étouffe leurs sanglots;
Et les Dieux, oubliant les discordes funestes,
Goûtent d'un long repos les voluptés célestes.

Et moi, contemporain de jours prodigieux,
En plaignant les vaincus j'applaudissais aux Dieux,
Certain de leur justice, et pourtant dans mon âme
Roulant un noir secret brûlant comme la flamme,
Et je laissais flotter, au bord des flots assis,
Dans le doute et l'effroi mes esprits indécis;
Songeur, je me disais: — Sur les cimes neigeuses
L'aigle peut déployer ses ailes orageuses,
Et, l'œil vers Hélios incessamment tendu,
Briser l'effort des vents dans l'espace éperdu;
Car sa force est cachée en sa lutte éternelle;
Il se complaît, s'admire, et s'agrandit en elle.
Avide de lumière, altéré de combats,
Le sol est toujours noir, les cieux sont toujours bas;
Il vole, il monte, il lutte, et sa serre hardie
Saisit le triple éclair dont le feu l'incendie!

Les sereines forêts aux silences épais,
Chères au divin Pan, ruisselantes de paix,
Les sereines forêts, immobiles naguères,
Peuvent s'écheveler comme des fronts vulgaires ;
L'ouragan qui se rue en bonds tumultueux
Peut des chênes sacrés briser les troncs noueux ;
L'astre peut resplendir dans la nue azurée
Et brusquement s'éteindre au sein de l'Empyrée ;
L'Océan peut rugir, la Terre s'ébranler ;
Les races dans l'Hadès peuvent s'amonceler ;
L'aveugle Mouvement, de ses forces profondes,
Faire osciller toujours les mortels et les mondes...
Mais d'où vient que les Dieux qui ne mourront jamais
Et qui du large Aithèr habitent les sommets,
Les Dieux générateurs des astres et des êtres,
Les Rois de l'Infini, les implacables Maîtres,
En des combats pareils aux luttes des héros,
De leur éternité troublent le sûr repos ?
Est-il donc par delà leur sphère éblouissante
Une Force impassible, et plus qu'eux tous puissante,
D'inaltérables Dieux, sourds aux cris insulteurs,
Du mobile Destin augustes spectateurs,
Qui n'ont jamais connu, se contemplant eux-mêmes,
Que l'éternelle paix de leurs songes suprêmes ?

Répondez, répondez, ô Terre, ô Flots, ô Cieux !
Que n'ai-je, ô roi d'Athos, ton vol audacieux !
Que ne puis-je, ô Borée, à tes souffles terribles
Confier mon essor vers ces Dieux invisibles !

Oh! sans doute, à leurs pieds, pâles Olympiens,
Vous rampez! Faibles Dieux, vous n'êtes plus les miens
Comme toi, blond Phoibos, qu'honore Lykorée,
Je darde un trait aigu d'une main assurée:
Pythòn eût succombé sous mes coups affermis!
J'ai devancé ta course, ô légère Artémis!
Comme vous immortel, ma force me protège;
Les Dieux des bois souvent ont formé mon cortège;
J'ai porté des lions dans mes bras étouffants,
Et mon père Kronos est votre aïeul, enfants!
O Zeus! les noirs Géants ont balancé ta gloire...
C'est aux Dieux inconnus qu'appartient la victoire,
Et mon culte, trop fier pour tes autels troublés,
Veut monter vers ceux-ci, de la crainte isolés,
Qui n'ont point combattu, qui, baignés de lumière,
Dans le sein de la Force éternelle et première
Règnent calmes, heureux, immobiles, sans nom
Irrésistibles Dieux à qui nul n'a dit: Non!
Qui contiennent le monde en leurs seins impalpables
Et qui vous jugeront, hommes et Dieux coupables! —

Hélas! tel je songeais, Chanteur mélodieux!
J'osais délibérer sur le Destin des Dieux!
Ils m'ont puni. Bientôt les Kères indignées
Trancheront le tissu de mes longues années;
La flèche d'Héraklès finira mes remords;
J'irai mêler mon ombre au vain peuple des morts.
Et l'antique Chasseur des forêts centenaires
Poursuivra dans l'Hadès les cerfs imaginaires!

Et depuis, j'ai vécu, mais dans mon sein gardant
Ce souvenir lointain comme un remords ardent.
Pour adoucir les Dieux, pour expier ma faute,
J'ai creusé cette grotte où tu sièges, mon hôte;
Et là, durant le cours des âges j'ai nourri
De sagesse et d'amour tout un peuple chéri,
Peuple d'adolescents sacrés, race immortelle
Que le lion sauvage engraissait de sa moelle,
Et que l'antique Hellas, en des tombeaux pieux,
Tour à tour a couchés auprès de leurs aïeux.

Viens! ô toi, le dernier des nourrissons sublimes
Que mes bras paternels berceront sur ces cimes,
O rejeton des Dieux, ô mon fils bien aimé!
Toi qu'aux mâles vertus tout enfant j'ai formé,
Et qui, de mes vieux jours consolant la tristesse,
Fais mon plus doux orgueil et ma seule richesse!
Fils du brave Pélée, Achille au pied léger,
Puisse ton cœur grandir et ne jamais changer!
O mon enfant si cher, Hellas est dans l'attente.
Quels feux éclipseront ton aurore éclatante!
Le plus grand des guerriers, embrassant tes genoux,
Au pied des murs d'Ilos expire sous tes coups...
Un Dieu te percera de sa flèche assassine;
Mais comme un chêne altier que l'éclair déracine
Et qui, régnant parmi les hêtres et les pins,
Émoussa la cognée à ses rameaux divins!
Sous le couteau sacré la vierge Pélasgique
Baignera de son sang ta dépouille héroïque;

Et sur le bord des mers j'entends Hellas en pleurs
Troubler les vastes cieux du cri de ses douleurs !
Tu tombes, jeune encor ; mais ta rapide vie
D'une gloire immortelle, ô mon fils, est suivie ;
L'avenir tout entier en sonores échos
Fait retentir ton nom dans l'âme des héros,
Et l'aride Troade, où tous viendront descendre,
Les verra tour à tour inclinés sur ta cendre. —

Le Centaure se tait. Dans ses bras vénérés
S'élance le jeune homme aux longs cheveux dorés ;
De son cœur généreux la fibre est agitée.
Il baise de Khirôn la face respectée ;
Et, gracieux soutien du vieillard abattu,
Il le réchauffe au feu de sa jeune vertu.

III

— Mon hôte, dit Khirôn, dès qu'aux voûtes profondes,
La fille de Thia, l'Aurore aux tresses blondes,
Montera sur son char de perles et d'argent,
Presse vers Iolkos un retour diligent ;
Mais la divine Nuit, ceinte d'astres, balance
La Terre encor plongée en un vaste silence,
Et seul, le doux Sommeil, le frère d'Atropos,
Plane d'un vol muet dans les cieux en repos.
Je ne foulerai point Argô chargé de gloire,

Noble Aède! J'attends le jour expiatoire ;
Et mon dernier regard, de tristesse incliné,
Contemple pour jamais la terre où je suis né.
L'Euros aux ailes d'or, d'une haleine attendrie,
Confiera ma poussière à la douce patrie
Où fleurit ma jeunesse, où se cloront mes yeux !
Porte au grand Hèraklès mes suprêmes adieux :
Dis-lui que, résigné, soumis à des lois justes,
Je vois errer ma mort entre ses mains augustes,
Et que nulle colère, en mon nom paternel,
Ne brûle contre lui pour ce jour solennel.
Mais Hèlios encor, dans le sein de Nérée,
N'entr'ouvre point des cieux la barrière dorée ;
Tout repose, l'Olympe, et la Terre au sein dur.
Tandis que Sélènè s'incline dans l'azur,
Daigne, harmonieux Roi qu'Apollôn même envie,
Charmer d'un chant sacré notre oreille ravie,
Tel que le noir Hadès l'entendit autrefois
En rythmes cadencés s'élancer de ta voix,
Quand le triple Gardien du Fleuve aux eaux livides
Referma de plaisir ses trois gueules avides,
Et que des pâles Morts la foule suspendit
Dans l'abîme sans fond son tourbillon maudit ! —

Comme au faîte des monts Apollôn Musagète,
Le fils de Kalliope est debout ! Il rejette
Sur son dos large et blanc, exercé dans les jeux,
Ses cheveux éclatants, sa robe aux plis neigeux ;
Il regarde l'Olympe où ses yeux savent lire,

Et du fils de Pélée il a saisi la lyre.
Sous ses doigts surhumains les cordes ont frémi
Et s'emplissent d'un souffle en leur sein endormi,
Souffle immense, pareil aux plaintes magnanimes
De la mer murmurante aux sonores abimes.
Tel, le faible instrument gémit sous ses grands doigts,
Et roule en chants divins pour la première fois!
Un Dieu du grand Aède élargit la poitrine;
D'une ardente lueur son regard s'illumine...
Il va chanter, il chante! Et l'Olympe charmé
S'abaisse de plaisir sur le mont enflammé!
Kybèle aux épis d'or, sereine, inépuisable,
Des grèves où les flots expirent sur le sable
Jusqu'aux âpres sommets où dorment les hivers,
D'allégresse a senti tressaillir ses flancs verts!
L'étalon hennissant de volupté palpite;
De son nid tout sanglant l'aigle se précipite;
Le lion étonné, battant ses flancs velus,
S'élance du repaire en bonds irrésolus;
Et les timides cerfs et les biches agiles,
Les Dryades perçant les écorces fragiles,
Les Satires guetteurs des Nymphes au sein nu,
Tous se sentent poussés par un souffle inconnu;
Et vers l'antre, où la lyre en chantant les rassemble,
Des plaines et des monts ils accourent ensemble!

Ainsi, divin Orphée, ô chanteur inspiré,
Tu déroules ton cœur sur un mode sacré.
Comme un écroulement de foudres rugissantes,

La colère descend de tes lèvres puissantes ;
Puis le calme succède à l'orage du ciel :
Un chant majestueux, qu'on dirait éternel
Enveloppe la lyre entre tes bras vibrante ;
Et l'oreille, attachée à cette âme mourante,
Poursuit dans un écho décroissant et perdu
Le chant qui n'étant plus est toujours entendu.
Le Péléide écoute, et la lyre est muette !
Altéré d'harmonie, il incline la tête :
Sous l'or de ses cheveux, d'une noble rougeur
L'enthousiasme saint brûle son front songeur ;
Une ardente pensée, en son cœur étouffée,
L'oppresse de sanglots ; mais il contemple Orphée,
Et dans un cri sublime il tend ses bras joyeux
Vers cette face auguste et ces splendides yeux
Où du céleste éclair que ravit Prométhée
Jaillit, impérissable, une flamme restée ;
Comme si le Destin eût voulu confier
La flamme où tous vont boire et se vivifier
Au fils de Kalliope, au Chanteur solitaire
Que chérissent les Dieux et qu'honore la Terre.

Mais le sombre horizon des cieux, les monts dormants
Qui baignent leurs pieds lourds dans les flots écumants,
Les forêts dont l'Euros fait osciller les branches,
Tout s'éveille, s'argente à des clartés plus blanches ;
Et déjà, de la nuit illuminant les pleurs,
L'Aurore monte au sein d'un nuage de fleurs.
Orphée a vu le jour : — O toi que je révère,

O grand vieillard, dit-il, dont le Destin sévère
D'un voile de tristesse obscurcit le déclin,
Je te quitte, ô mon père! Et, comme un orphelin
Baigne, au départ, de pleurs des cendres précieuses,
Je t'offre le tribut de mes larmes pieuses.
Contemporain sacré des âges révolus,
Adieu, Centaure, adieu! je ne te verrai plus...
Fils de Pélée, adieu! puissent les Dieux permettre
Qu'un jour ton cœur atteigne aux vertus de ton maître :
Sois le plus généreux, le plus beau des mortels,
Le plus brave ; et des Dieux honore les autels.
Salut, divin asile, ô grotte hospitalière !
Salut, lyre docile, à ma main familière !
Dépouilles des lions qu'ici foula mon corps,
Montagnes, bois, vallons, tout pleins de mes accords,
Cieux propices, salut! Ma tâche est terminée. —

Il dit. Et de Khirôn la langue est enchaînée ;
Il semble qu'un Dieu gronde en son sein agité ;
Des pleurs baignent sa face : — O mon fils regretté,
Divin Orphée, adieu! Mon cœur suivra ta trace
Des rives de Pagase aux fleuves de la Thrace.
Je vois le noir Argô sur les flots furieux
S'élancer comme l'aigle à son but glorieux,
Et dans le sein des mers les blanches Kyanées
Abaisser à ta voix leurs têtes mutinées.
Et Kolkhos est vaincue! Et remontant aux lieux
Où luit l'Ourse glacée à la borne des cieux,
De contrée en contrée, Argô, qu'un Dieu seconde,

D'un cours aventureux enveloppe le monde !
Mais, ô crime, ô douleur éternelle en sanglots !
Quelle tête sacrée errant au gré des flots,
Harmonieuse encore et d'un sang pur trempée,
Roule et gémit, du thyrse indignement frappée ?
Iakkhos, Iakkhos ! Dieu bienveillant, traîné
Par la fauve panthère ! Iakkhos, couronné
De pampres et de lierre et de vendanges mûres !
Dieu jeune, qui te plais aux furieux murmures
Des femmes de l'Édôn et du Mimas ! ô toi
Qui déchaînes, la nuit, sur les monts pleins d'effroi,
Comme un torrent de feu l'ardente Sabasie....
De quels regrets ton âme, Évan, sera saisie
Quand ce divin Chanteur égorgé dans tes jeux
Rougira de son sang le Strymôn orageux !
O mon fils ! — Mais sa voix expire dans les larmes.

— Centaure ! dit Orphée, apaise tes alarmes.
Les pleurs me sont sacrés qui tombent de tes yeux,
Mais la vie et la mort sont dans la main des Dieux. —

Il marche, et, reprenant le sentier de la veille,
S'éloigne. Le ciel luit, le Péliôn s'éveille,
Tout frais de la rosée attachée à ses flancs.
Au souffle du matin les pins étincelants
S'entretiennent au fond de la montagne immense ;
Le bruit universel des Êtres recommence.
Les grands troupeaux, suivis des agrestes pasteurs,

Regagnent la vallée humide ou les hauteurs
Verdoyantes. Voici les vierges au doux rire
Où rayonne la joie, où la candeur respire,
Qui retournent, avec leurs naïves chansons,
Les unes aux cours d'eau, les autres aux moissons.
Mais, ô jeune trésor de la terre divine,
Quelle crainte soudaine en vos yeux se devine?
D'où vient que votre sein s'émeuve et que vos pas
S'arrêtent, et qu'ainsi vous vous parliez tout bas,
Montrant de vos bras nus, où le désir se pose,
Une apparition dans le lointain éclose?
O vierges, ô pasteurs, de quel trouble assiégés,
Restez-vous, beaux corps nus, en marbre blanc changés?
Serait-ce qu'un lion, désertant la montagne,
Bondisse, l'œil ardent, suivi de sa compagne,
Dévorés de famine et déjà réjouis?
Un éclair menaçant vous a-t-il éblouis?
Non! D'un respect pieux votre âme s'est remplie:
C'est ce même Étranger que jamais nul n'oublie,
Et qui marche semblable aux Dieux! — Son front serein
Est tourné vers l'Olympe, et d'un pied souverain
Il foule sans le voir le sentier qui serpente.
Déjà du Péliôn il a franchi la pente.
Les vierges, les pasteurs l'ont vu passer près d'eux;
Mais il s'arrête et dit: — Enfants, soyez heureux!
Pasteurs adolescents, vierges chastes et belles,
Salut! Puissent vos cœurs être forts et fidèles!
Bienheureux vos parents! Honneur de leurs vieux jours,
Entourez-les, enfants, de pieuses amours!

Et que les Dieux, contents de vos vertus naissantes,
Vous prodiguent longtemps leurs faveurs caressantes! —

Il dit, et disparaît. Mais la sublime Voix,
Dans le cours de leur vie entendue une fois,
Ne quitte plus jamais leurs âmes enchaînées ;
Et quand l'âge jaloux a fini leurs années,
Des maux et de l'oubli ce souvenir vainqueur
Fait descendre la paix divine dans leur cœur.

Thestylis

Aux pentes du coteau, sous les roches moussues,
L'eau vive en murmurant filtre par mille issues,
Croît, déborde, et remue en son cours diligent
La mélisse odorante et les cailloux d'argent.
Le soir monte : on entend s'épandre dans les plaines
De flottantes rumeurs et de vagues haleines,
Le doux mugissement des grands bœufs fatigués
Qui s'arrêtent pour boire en traversant les gués,
Et sous les rougeurs d'or du soleil qui décline
Le bruit grêle des pins au front de la colline.
Dans les sentiers pierreux qui mènent à la mer,
Rassasié de thym et de cytise amer,
L'indocile troupeau des chèvres aux poils lisses
De son lait parfumé va remplir les éclisses ;
Le tintement aigu des agrestes grelots
S'unit par intervalle à la plainte des flots,

Tandis que, prolongeant d'harmonieuses luttes,
Les jeunes chevriers soufflent aux doubles flûtes.

Tout s'apaise : l'oiseau rentre dans son nid frais ;
Au sortir des joncs verts, les Nymphes des marais,
Le sein humide encor, ceintes d'herbes fleuries,
Les bras entrelacés, dansent dans les prairies.
C'est l'heure où Thestylis, la vierge de l'Aitna,
Aux yeux étincelants comme ceux d'Athana,
En un noir diadème a renoué sa tresse,
Et sur son genou ferme et nu de chasseresse,
A la hâte, agrafant la robe aux souples plis,
Par les âpres chemins de sa grâce embellis,
Rapide et blanche, avec son amphore d'argile,
Vers cette source claire accourt d'un pied agile,
Et s'assied sur le roc tapissé de gazon,
D'où le regard s'envole à l'immense horizon.

Ni la riche Milet qu'habitent les Iônes,
Ni Syracuse où croit l'hélichryse aux fruits jaunes,
Ni Korinthe où le marbre a la blancheur du lys,
N'ont vu fleurir au jour d'égale à Thestylis.
Grande comme Artémis et comme elle farouche,
Nul baiser n'a jamais brûlé sa belle bouche ;
Jamais, dans le vallon, autour de l'oranger,
Elle n'a, les pieds nus, conduit un chœur léger,
Ou, le front couronné de myrtes et de rose,
Au furtif hyménée ouvert sa porte close ;
Mais quand la Nuit divine allume l'astre aux cieux,

Il lui plaît de hanter le mont silencieux,
Et de mêler au bruit de l'onde qui murmure
D'un cœur blessé la plainte harmonieuse et pure :

— Jeune Immortel, que j'aime et que j'attends toujours,
Chère image entrevue à l'aube de mes jours !
Si, d'un désir sublime en secret consumée,
J'ai dédaigné les pleurs de ceux qui m'ont aimée,
Et si je n'ai versé, dans l'attente du ciel,
Les parfums de mon cœur qu'au pied de ton autel ;
Soit que ton arc résonne au sein des halliers sombres ;
Soit que, réglant aux cieux le rythme d'or des nombres,
D'un mouvement égal ton archet inspiré
Des Muses aux neuf voix guide le chœur sacré ;
Soit qu'à l'heure riante où, sous la glauque aurore,
L'aile du vent joyeux trouble la mer sonore,
Des baisers de l'écume argentant tes cheveux,
Tu fendes le flot clair avec tes bras nerveux ;
Oh ! quel que soit ton nom, Dieu charmant de mes rêves,
Entends-moi ! viens ! je t'aime, et les heures sont brèves !
Viens ! sauve par l'amour et l'immortalité,
Ravis au Temps jaloux la fleur de ma beauté ;
Ou, si tu dois un jour m'oublier sur la terre,
Que ma cendre repose en ce lieu solitaire,
Et qu'une main amie y grave pour adieu :
— Ici dort Thestylis, celle qu'aimait un Dieu ! —

Elle se tait, écoute, et dans l'ombre nocturne,
Accoudant son beau bras sur la rondeur de l'urne,

Le sein ému, le front à demi soulevé,
Inquiète, elle attend celui qu'elle a rêvé.
Et le vent monotone endort les noirs feuillages;
La mer en gémissant berce les coquillages;
La montagne muette, au loin, de toutes parts,
Des coteaux aux vallons, brille de feux épars;
Et la source elle-même, au travers de la mousse,
S'agite et fuit avec une chanson plus douce.

Mais le jeune Immortel, le céleste Inconnu,
L'Amant mystérieux et cher n'est pas venu!
Il faut partir, hélas! et regagner la plaine.
Thestylis sur son front pose l'amphore pleine,
S'éloigne, hésite encore, et sent couler ses pleurs;
De la joue et du col s'effacent les couleurs;
Son corps charmant, Éros, frissonne de tes fièvres!
Mais bientôt, l'œil brillant, un fier sourire aux lèvres,
Elle songe tout bas, reprenant son chemin:
— Je l'aime et je suis belle! Il m'entendra demain! —

Médailles antiques

I

Celui-ci vivra, vainqueur de l'oubli,
Par les Dieux heureux! Sa main sûre et fine
A fait onduler sur l'onyx poli
    L'écume marine.

Avec le soleil, douce, aux yeux surpris,
Telle qu'une jeune et joyeuse reine,
On voit émerger mollement Kypris
    De la mer sereine.

La Déesse est nue et pousse en nageant
De ses roses seins l'onde devant elle ;
Et l'onde a brodé de franges d'argent
    Sa gorge immortelle.

Ses cheveux dorés aux flots embellis
Roulent sans guirlande et sans bandelettes ;
Tout son corps charmant brille comme un lys
    Dans les violettes.

Elle joue et rit ; et les gais dauphins,
Agitant autour nageoires et queues,
Pour mieux réjouir ses regards divins
    Troublent les eaux bleues.

II

Les belles filles aux pressoirs
Portent sur leur tête qui ploie,
A pleins paniers, les raisins noirs ;
Les jeunes hommes sont en joie.
Ils font jaillir avec vigueur
Le vin nouveau des grappes mûres ;
Et les rires et les murmures
Et les chansons montent en chœur.

Ivres de subtiles fumées,
Les vendangeurs aux cheveux blancs
Dansent avec des pieds tremblants
Autour des cuves parfumées ;
Et non loin, cherchant un lit frais,
Éros, qui fait nos destinées,

A l'ombre des arbres épais
Devance les lents Hyménées.

III

Ni sanglants autels, ni rites barbares.
Les cheveux noués d'un lien de fleurs,
Une Ionienne aux belles couleurs
Danse sur la mousse, au son des kithares.
Ni sanglants autels, ni rites barbares :
Des hymnes joyeux, des rires, des fleurs !

Satyres ni Pans ne troublent les danses.
Un jeune homme ceint d'un myrte embaumé
Conduit de la voix le chœur animé ;
Éros et Kypris règlent les cadences.
Satyres ni Pans ne troublent les danses :
Des pieds délicats, un sol embaumé !

Ni foudres ni vents dont l'âme s'effraie.
Dans le bleu du ciel volent les chansons ;
Et de beaux enfants servent d'échansons
Aux vieillards assis sous la verte haie.
Ni foudres ni vents dont l'âme s'effraie :
Un ciel diaphane et plein de chansons !

IV

Sur la montagne aux sombres gorges
Où nul vivant ne pénétra,
Dans les antres de Lipara
Hèphaistos allume ses forges.

Il lève, l'illustre Ouvrier,
Ses bras dans la rouge fumée,
Et bat sur l'enclume enflammée
Le fer souple et le dur acier.

Les tridents, les dards, les épées
Sortent en foule de sa main;
Il forge des lances d'airain,
Des flèches aux pointes trempées.

Et Kypris, assise à l'écart,
Rit de ces armes meurtrières,
Moins puissantes que ses prières,
Moins terribles que son regard.

V

Le divin Bouvier des monts de Phrygie
Goûte, les yeux clos, l'éternel sommeil;
Et de son beau corps, dans l'herbe rougie,
    Coule un sang vermeil.

En boucles de lin, sur la pâle joue
Qu'enviaient les fruits honneur des vergers,
Tombent, du réseau pourpré qui les noue,
    Ses cheveux légers.

Voici Kÿthèrè, l'Amante immortelle,
Qui gémit et pleure auprès du Bouvier.
Les Éros chasseurs tiennent devant elle
    Le noir Sanglier;

Lui, pour expier d'amères offenses,
D'un autel qui fume attisant le feu,
Consume et punit ses blanches défenses
    D'avoir fait un Dieu.

Péristèris

Kastalides! chantez l'enfant aux brunes tresses,
Dont la peau lisse et ferme a la couleur du miel,
Car vous embellissez la louange, ô Déesses!

Autour de l'onde où croit le laurier immortel
Chantez Péristèris née au rocher d'Égine :
Moins chère est à mes yeux la lumière du ciel!

Dites son rire frais, plus doux que l'aubergine,
Le rayon d'or qui nage en ses yeux violets
Et qui m'a traversé d'une flèche divine.

Sur le sable marin où sèchent ses filets
Elle bondit pareille aux glauques Néréides,
Et ses pieds sont luisants comme des osselets.

Chantez Péristèris, ô Nymphes Kastalides,
Quand les fucus amers à ses cheveux mêlés
Effleurent son beau cou de leurs grappes humides.

Il faut aimer. Le thon aime les flots salés,
L'air plait à l'hirondelle, et le cytise aux chèvres,
Et l'abeille camuse aime la fleur des blés.

Pour moi, rien n'est meilleur qu'un baiser de ses lèvres.

Paysage

A travers les massifs des pâles oliviers
L'Archer resplendissant darde ses belles flèches
Qui, par endroits, plongeant au fond des sources fraîches,
Brisent leurs pointes d'or contre les durs graviers.

Dans l'air silencieux ni souffles ni bruits d'ailes,
Si ce n'est, enivré d'arome et de chaleur,
Autour de l'églantier et du cytise en fleur,
Le murmure léger des abeilles fidèles.

Laissant pendre sa flûte au bout de son bras nu,
L'Aigipan, renversé sur le rameau qui ploie,
Rêve, les yeux mi-clos, avec un air de joie,
Qu'il surprend l'Oréade en son antre inconnu.

Sous le feuillage lourd dont l'ombre le protège,
Tandis qu'il sourit d'aise et qu'il se croit heureux,

Un large papillon sur ses rudes cheveux
Se pose en palpitant comme un flocon de neige.

Quelques nobles béliers aux luisantes toisons,
Grandis sur les coteaux fertiles d'Agrigente,
Auprès du roc moussu que l'onde vive argente,
Dorment dans la moiteur tiède des noirs gazons.

Des chèvres, çà et là, le long des verts arbustes,
Se dressent pour atteindre au bourgeon nourricier,
Et deux boucs au poil ras, dans un élan guerrier,
En se heurtant du front courbent leurs cols robustes.

Par delà les blés mûrs alourdis de sommeil
Et les sentiers poudreux où croît le térébinthe,
Semblable au clair métal de la riche Korinthe,
Au loin, la mer tranquille étincelle au soleil.

Mais sur le thym sauvage et l'épaisse mélisse
Le pasteur accoudé repose, jeune et beau ;
Le reflet lumineux qui rejaillit de l'eau
Jette un fauve rayon sur son épaule lisse ;

De la rumeur humaine et du monde oublieux,
Il regarde la mer, les bois et les collines,
Laissant couler sa vie et les heures divines
Et savourant en paix la lumière des cieux.

Les Bucoliastes

I

Sources claires ! et toi, venu des Dieux, ô fleuve
Qui, du Tymbris moussu, verses tes belles eaux !
Je ferai soupirer, couché dans vos roseaux,
Ma syrinx à neuf tons enduits de cire neuve :
Apaisez la cigale et les jeunes oiseaux.

II

Vents joyeux qui riez à travers les feuillages,
Abeilles qui rôdez sur la fleur des buissons,
De ma syrinx aussi vous entendrez les sons ;
Mais, de même qu'Éros, les Muses sont volages :
Hâtez-vous ! d'un coup d'aile emportez mes chansons.

I

Tout est beau, tout est bien, si Theugénis que j'aime
Foule de son pied nu l'herbe molle des bois !
Vers midi, l'eau courante est plus fraîche où je bois,
Et mes vases sont pleins d'une meilleure crème.
Absente, tout est mal, tout languit à la fois !

II

Dieux heureux ! que le lait abonde en mes éclisses !
Et quand le chaud soleil dans l'herbe a rayonné,
Du creux de ce rocher d'un lierre couronné,
Que j'entende mugir mes bœufs et mes génisses :
Tout est beau, tout est bien, il est doux d'être né !

I

Si l'hiver est un mal pour l'arbre qu'il émonde,
Pour les cours d'eau taris la flamme de l'été,
Il souffre aussi, celui qu'une vierge a dompté,
Du mal que fait Éros, le plus amer du monde,
Et d'une soif rebelle à tes flots, ô Léthé !

II

Souvent, au seuil de l'antre où la rouge verveine
Croit auprès d'un lentisque et d'un vieil olivier,
La fille au noir sourcil parut me convier.
Par la rude Artémis ! son attente était vaine ;
Car les bœufs sont la joie et l'honneur du bouvier.

I

Quand, aux feux du matin, s'envole l'alouette
Du milieu des sillons de rosée emperlés,
Je ne l'écoute plus ; mes esprits sont troublés ;
Mais pour te ranimer, ô nature muette,
Il suffit d'une voix qui chante dans les blés !

II

Rire de femme et chant d'alouette à l'aurore,
Gazouillements des nids sur les rameaux dorés,
Sont bruits doux à l'oreille et souvent désirés ;
Mais rien ne vaut la voix amoureuse et sonore
D'un taureau de trois ans qui beugle par les prés !

I

Bélier, pais l'herbe en fleur; et toi, chèvre indocile,
Broute l'amer cytise aux pentes du coteau;
Lampuros, mon bon chien, veille sur le troupeau.
Pour moi, tel que Daphnis, le bouvier de Sicile,
Je meurs ! et Theugénis a creusé mon tombeau.

II

O pasteur des béliers, gardien des noires chèvres,
Jamais chanson pareille ici ne résonna !
Et la plainte est plus gaie, oui ! par Perséphona !
Que la glauque Amphitrite exhale de ses lèvres
Et que le vent d'Épire apporte au vieil Aitna !

I

Ami, prends ma syrinx, si légère et si douce,
Dont la cire a gardé l'odeur du miel récent :
Brûle-la comme moi qui meurs en gémissant;
Et sur un humble autel d'asphodèle et de mousse
Du plus noir de mes boucs fais ruisseler le sang.

II

C'est bien. Le soleil monte et l'ombre nous convie ;
On n'entend plus frémir la cime des forêts :
Viens savourer encor ce vase de lait frais ;
Et si le morne Hadès fait toujours ton envie,
O pâle chevrier, tu mourras mieux après !

Kléarista

Kléarista s'en vient par les blés onduleux
Avec ses noirs sourcils arqués sur ses yeux bleus,
Son front étroit coupé de fines bandelettes,
Et, sur son cou flexible et blanc comme le lait,
Ses tresses où, parmi les roses de Milet,
    On voit fleurir les violettes.

L'Aube divine baigne au loin l'horizon clair;
L'alouette sonore et joyeuse, dans l'air,
D'un coup d'aile s'envole au sifflement des merles;
Les lièvres, dans le creux des verts sillons tapis,
D'un bond inattendu remuant les épis,
    Font pleuvoir la rosée en perles.

Sous le ciel jeune et frais, qui rayonne le mieux,
De la Sicilienne au doux rire, aux longs yeux,
Ou de l'Aube qui sort de l'écume marine ?
Qui le dira ? Qui sait, ô lumière, ô beauté,
Si vous ne tombez pas du même astre enchanté
    Par qui tout aime et s'illumine ?

Du faîte où ses béliers touffus sont assemblés,
Le berger de l'Hybla voit venir par les blés
Dans le rose brouillard la forme de son rêve.
Il dit : — C'était la nuit, et voici le matin ! —
Et plus brillant que l'Aube à l'horizon lointain
    Dans son cœur le soleil se lève !

Symphonie

O chevrier ! ce bois est cher aux Piérides.
Point de houx épineux ni de ronces arides ;
A travers l'hyacinthe et le souchet épais
Une source sacrée y germe et coule en paix.
Midi brûle là-bas où, sur les herbes grêles,
On voit au grand soleil bondir les sauterelles ;
Mais, du hêtre au platane et du myrte au rosier,
Ici, le merle vole et siffle à plein gosier.
Au nom des Muses ! viens sous l'ombre fraîche et noire !
Voici ta double flûte et mon pektis d'ivoire.
Daphnis fera sonner sa voix claire, et tous trois,
Près du roc dont la mousse a verdi les parois,
D'où Naïs nous écoute, un doigt blanc sur la lèvre,
Empêchons de dormir Pan aux deux pieds de chèvre.

Le Retour d'Adônis

Maitresse de la haute Éryx, toi qui te joues
    Dans Golgos, sous les myrtes verts,
O blanche Aphrodita, charme de l'univers,
    Dionaiade aux belles joues !
Après douze longs mois Adônis t'est rendu,
    Et, dans leurs bras charmants, les Heures,
L'ayant ramené jeune en tes riches demeures,
    Sur un lit d'or l'ont étendu.
A l'abri du feuillage et des fleurs et des herbes,
    D'huile syrienne embaumé,
Il repose, le Dieu brillant, le Bien-aimé,
    Le jeune Homme aux lèvres imberbes.
Autour de lui, sur des trépieds étincelants,
    Vainqueurs des nocturnes Puissances,
Brûlent des feux mêlés à de vives essences,
    Qui colorent ses membres blancs ;
Et sous l'anis flexible et le safran sauvage,
    Des Éros, au vol diligent,

Dont le corps est d'ébène et la plume d'argent,
    Rafraîchissent son clair visage.
Sois heureuse, ô Kypris, puisqu'il est revenu,
    Celui qui dore les nuées !
Et vous, Vierges, chantez, ceintures dénouées,
    Cheveux épars et le sein nu.
Près de la mer stérile, et dès l'aube première,
    Joyeuses et dansant en rond,
Chantez l'Enfant divin qui sort de l'Akhérôn,
    Vêtu de gloire et de lumière !

Hèraklès solaire

Dompteur à peine né, qui tuais dans tes langes
Les Dragons de la nuit ! Cœur-de-Lion ! Guerrier,
Qui perças l'Hydre antique au souffle meurtrier
Dans la livide horreur des brumes et des fanges,
Et qui, sous ton œil clair, vis jadis tournoyer
Les Centaures cabrés au bord des précipices !
Le plus beau, le meilleur, l'aîné des Dieux propices !
Roi purificateur, qui faisais en marchant
Jaillir sur les sommets le feu des sacrifices,
Comme autant de flambeaux, d'orient au couchant !
Ton carquois d'or est vide, et l'Ombre te réclame.
Salut, Gloire-de-l'Air ! Tu déchires en vain,
De tes poings convulsifs d'où ruisselle la flamme,
Les nuages sanglants de ton bûcher divin,
Et dans un tourbillon de pourpre tu rends l'âme !

Églogue

GALLUS.

Chanteurs mélodieux, habitants des buissons,
Le ciel pâlit, Vénus à l'horizon s'éveille;
Cynthia vous écoute, enivrez son oreille :
Versez-lui le flot d'or de vos belles chansons.

CYNTHIA.

La nuit sereine monte, et roule sans secousse
Le chœur éblouissant des astres au ciel bleu;
Moi, de mon bien-aimé, jeune et beau comme un Dieu,
J'ai l'image en mon âme et j'entends la voix douce.

GALLUS.

O Cynthia, sais-tu mon rêve et mon désir?
Phœbé laisse tomber sa lueur la plus belle,
Et l'amoureux ramier gémit et bat de l'aile,
Et dans les bois songeurs passe un divin soupir.

CYNTHIA.

La source s'assoupit et murmure apaisée,
Et de molles clartés baignent les noirs gazons.
Qu'ils sont doux à mes yeux vos calmes horizons,
O bois chers à Gallus, tout brillants de rosée !

GALLUS.

Que ton sommeil soit pur, fleur du beau sol latin !
Oh ! bien mieux que ce myrte et bien mieux que ces roses,
Puissé-je parfumer ton seuil et tes pieds roses
De nocturnes baisers, jusques au frais matin !

CYNTHIA.

Enfant, roi de Paphos, remplis ma longue attente !
Une voix s'est mêlée aux hymnes de la nuit...
O Gallus, ô bras chers qui m'emportez sans bruit
Dans l'épaisseur des bois, confuse et palpitante !

GALLUS.

Dans le hêtre immobile où rêvent les oiseaux
On entend expirer toute voix incertaine ;
Viens ! un Dieu nous convie ! En sa claire fontaine
La Naïade s'endort au sein des verts roseaux.

CYNTHIA.

Voile ton front divin, Phœbé ! Sombres feuillages,
Faites chanter l'oiseau qui dort au nid mousseux ;
Agitez les rameaux, ô Sylvains paresseux !
Naïade, éveille-toi dans les roseaux sauvages !

GALLUS.

Dormez, dormez plutôt, Dieux et Nymphes des bois,
Dormez ! Ne troublez point notre ivresse secrète.
Reposez, ô pasteurs ! O brise, sois muette !
Les Immortels jaloux n'entendront point nos voix.

CYNTHIA.

Vénus ! ralentis donc les heures infinies !
Ne sois pas, ô bonheur, quelque jour regretté !
Dure à jamais, nuit chère ! Et porte, ô volupté,
Dans l'Olympe éternel nos âmes réunies !

Études latines

I

LYDIE.

La jeunesse nous quitte, et les Grâces aussi.
Les désirs amoureux s'envolent avec elles,
Et le sommeil facile. A quoi bon le souci
    Des Espérances éternelles ?

L'aile du vieux Saturne emporte nos beaux jours,
Et la fleur inclinée au vent du soir se fane ;
Viens à l'ombre des pins ou sous l'épais platane
    Goûter les tardives amours.

Ceignons nos cheveux blancs de couronnes de roses ;
Buvons, il en est temps encore, hâtons-nous !
Ta liqueur, ô Bacchus, des tristesses moroses
    Est le remède le plus doux.

Enfant, trempe les vins dans la source prochaine,
Et fais venir Lydie aux rires enjoués,
Avec sa blanche lyre et ses cheveux noués
    A la mode Laconienne.

II

LICYMNIE.

Tu ne sais point chanter, ô cithare Ionique,
En ton mode amolli doux à la volupté,
Les flots Siciliens rougis du sang Punique,
    Numance et son mur indompté.

O lyre, tu ne sais chanter que Licymnie,
Et ses jeunes amours, ses yeux étincelants,
L'enjouement de sa voix si pleine d'harmonie,
    Ses pieds si légers et si blancs.

Toujours prompte, elle accourt aux fêtes de Diane ;
Aux bras nus de ses sœurs ses bras sont enlacés ;
Elle noue en riant sa robe diaphane,
    Et conduit les chœurs cadencés.

Pour tout l'or de Phrygie et les biens d'Achémène,
Qui voudrait échanger ces caresses sans prix,
Et sur ce col si frais, ces baisers, ô Mécène,
    Refusés, donnés ou surpris ?

III

THALIARQUE.

Ne crains pas de puiser aux réduits du cellier
Le vin scellé quatre ans dans l'amphore rustique ;
Laisse aux Dieux d'apaiser la mer et l'orme antique,
Thaliarque ! Qu'un beau feu s'égaye en ton foyer !

Pour toi, mets à profit la vieillesse tardive :
Il est plus d'une rose aux buissons du chemin.
Cueille ton jour fleuri sans croire au lendemain ;
Prends en souci l'amour et l'heure fugitive.

Les entretiens sont doux sous le portique ami ;
Dans les bois où Phœbé glisse ses lueurs pures,
Il est doux d'effleurer les flottantes ceintures
Et de baiser des mains rebelles à demi.

IV

LYDÉ.

Viens ! c'est le jour d'un Dieu. Puisons avec largesse
    Le Cécube clos au cellier.
Fière Lydé, permets au plaisir familier
    D'amollir un peu ta sagesse.

L'heure fuit, l'horizon rougit sous le soleil,
    Hâte-toi. L'amphore remplie
Sous Bibulus consul, repose ensevelie :
    Trouble son antique sommeil.

Je chanterai les flots amers, la verte tresse
    Des Néréides ; toi, Lydé,
Sur ta lyre enlacée à ton bras accoudé
    Chante Diane chasseresse.

Puis nous dirons Vénus et son char attelé
    De cygnes qu'un lien d'or guide,
Les Cyclades, Paphos, et tes rives, ô Gnide !
    Puis un hymne au ciel étoilé.

V

PHYLLIS.

Depuis neuf ans et plus dans l'amphore scellée
Mon vin des coteaux d'Albe a lentement mûri ;
Il faut ceindre d'acanthe et de myrte fleuri,
    Phyllis, ta tresse déroulée.

L'anis brûle à l'autel, et d'un pied diligent
Tous viennent couronnés de verveine pieuse ;
Et mon humble maison étincelle joyeuse
    Aux reflets des coupes d'argent.

O Phyllis, c'est le jour de Vénus, et je t'aime !
Entends-moi ! Téléphus brûle et soupire ailleurs ;
Il t'oublie, et je t'aime, et nos jours les meilleurs
    Vont rentrer dans la nuit suprême.

C'est toi qui fleuriras en mes derniers beaux jours :
Je ne changerai plus, voici la saison mûre.
Chante ! les vers sont doux quand ta voix les murmure,
    O belle fin de mes amours !

VI

VILE POTABIS.

En mes coupes d'un prix modique
Veux-tu tenter mon humble vin ?
Je l'ai scellé dans l'urne Attique
Au sortir du pressoir Sabin.
Il est un peu rude et moderne ;
Cécube, Calès ni Falerne
Ne mûrissent dans mon cellier ;
Mais les Muses me sont amies,
Et les Muses font oublier
Ta vigne dorée, ô Formies !

VII

GLYCÈRE.

Enfant, pour la lune prochaine,
Pour le convive inattendu !
Votre amant, Muses, peut sans peine
Tarir la coupe neuf fois pleine ;
Mais les Grâces l'ont défendu.

Inclinez les lourdes amphores,
Effeuillez la rose des bois !
Anime tes flûtes sonores,
O Bérécinthe, et ce hautbois !
C'est à Glycère que je bois !

Téléphus, ta tresse si noire,
Tes yeux, ton épaule d'ivoire,
Font pâlir Rhodé de langueur ;
Mais Glycère brûle en mon cœur ;
Je t'aime, ô Glycère, et veux boire !

VIII

HYMNE.

Vierges, louez Diane, et vous, adolescents,
Apollôn Cynthien aux cheveux florissants ;
Louez Latone en chœur, cette amante si chère ;

Vous, celle qui se plaît aux feuillages épais
D'Érymanthe, aux grands cours d'eau vive, ou qui préfère
La verdeur du Cragus ou l'Algide plus frais ;

Vous, le carquois sacré, l'épaule, la cithare
Fraternelle, et Tempé, l'honneur Thessalien,
Et la mer murmurante et le bord Délien.

Louez ces jeunes Dieux. Sur le Dace barbare
Qu'ils détournent, émus de vos chants alternés,
La fortune incertaine et les maux destinés !

IX

NÉÈRE.

Il me faut retourner aux anciennes amours :
L'Immortel qui naquit de la Vierge Thébaine,
Et les jeunes Désirs et leur Mère inhumaine
    Me commandent d'aimer toujours.

Blanche comme un beau marbre, avec ses roses joues,
Je brûle pour Néère aux yeux pleins de langueur;
Vénus se précipite et consume mon cœur :
    Tu ris, ô Néère, et te joues !

Pour apaiser les Dieux et pour finir mes maux,
D'un vin mûri deux ans versez vos coupes pleines;
Et sur l'autel rougi du sang pur des agneaux
    Posez l'encens et les verveines.

X

PHIDYLÉ.

Offre un encens modeste aux Lares familiers,
Phidylé, fruits récents, bandelettes fleuries ;
Et tu verras ployer tes riches espaliers
    Sous le faix des grappes mûries.

Laisse, aux pentes d'Algide, au vert pays Albain,
La brebis, qui promet une toison prochaine,
Paître cytise et thym sous l'yeuse et le chêne ;
    Ne rougis pas ta blanche main.

Unis au romarin le myrte pour tes Lares.
Offerts d'une main pure aux angles de l'autel,
Souvent, ô Phidylé, mieux que les dons plus rares,
    Les Dieux aiment l'orge et le sel.

XI

Plus de neiges aux prés. La Nymphe nue et belle
Danse sur le gazon humide et parfumé ;
Mais la mort est prochaine ; et, nous touchant de l'aile,
    L'heure emporte ce jour aimé.

Un vent frais amollit l'air aigu de l'espace ;
L'été brûle ; et voici, de ses beaux fruits chargé,
L'Automne au front pourpré ; puis l'hiver, et tout passe
    Pour renaitre, et rien n'est changé.

Tout se répare et chante et fleurit sur la terre ;
Mais quand tu dormiras de l'éternel sommeil,
O fier patricien, tes vertus en poussière
    Ne te rendront pas le soleil !

XII

SALINUM.

Le souci, plus léger que les vents de l'Épire,
Poursuivra sur la mer les carènes d'airain ;
L'heure présente est douce : égayons d'un sourire
    L'amertume du lendemain.

La pourpre par deux fois rougit tes laines fines ;
Ton troupeau de Sicile est immense ; et j'ai mieux :
Les Muses de la Grèce et leurs leçons divines
    Et l'héritage des aïeux.

XIII

HYMNE.

Une âme nouvelle m'entraîne
Dans les antres sacrés, dans l'épaisseur des bois;
Et les monts entendront ma voix,
Les vents l'emporteront vers l'étoile prochaine.

Évan ! ta prêtresse au réveil
Imprime ses pieds nus dans la neige éternelle.
Évan ! j'aime les monts comme elle,
Et les halliers divins ignorés du soleil.

Dieu des Naïades, des Bacchantes,
Qui brises en riant les frênes élevés,
Loin de moi les chants énervés !
Les cœurs forts sont à toi, Dieu couronné d'acanthes !

Évohé ! noirs soucis, adieu !
Que votre écume d'or, bons vins, neuf fois ruisselle !
Et le monde enivré chancelle,
Et je grandis, sentant que je deviens un Dieu !

XIV

PHOLOÉ.

Oublie, ô Pholoé, la lyre et les festins,
Les Dieux heureux, les nuits si brèves, les bons vins
Et les jeunes désirs volant aux lèvres roses.
L'âge vient : il t'effleure en son vol diligent,
Et mêle en tes cheveux semés de fils d'argent
    La pâle asphodèle à tes roses !

XV

TYNDARIS.

O blanche Tyndaris, les Dieux me sont amis :
    Ils aiment les Muses Latines ;
Et l'aneth, et le myrte et le thym des collines
    Croissent aux prés qu'ils m'ont soumis.

Viens ! mes ramiers chéris, aux voluptés plaintives,
    Ici se plaisent à gémir ;
Et sous l'épais feuillage il est doux de dormir
    Au bruit des sources fugitives.

XVI

PYRRHA.

Non loin du cours d'eau vive échappé des forêts,
Quel beau jeune homme, ceint de molles bandelettes,
Pyrrha, te tient pressée au fond de l'antre frais,
    Sur la rose et les violettes ?

Ah ! ton cœur est semblable aux flots sitôt troublés ;
Et ce crédule enfant enlacé de tes chaînes
Vous connaitra bientôt, serments vite envolés,
    Dieux trahis et larmes prochaines !

XVII

LYDIA.

Lydia, sur tes roses joues,
Et sur ton col frais et plus blanc
Que le lait, coule étincelant
L'or fluide que tu dénoues.

Le jour qui luit est le meilleur :
Oublions l'éternelle tombe.
Laisse tes baisers de colombe
Chanter sur tes lèvres en fleur.

Un lys caché répand sans cesse
Une odeur divine en ton sein :
Les délices, comme un essaim,
Sortent de toi, jeune Déesse !

Je t'aime et meurs, ô mes amours !
Mon âme en baisers m'est ravie.
O Lydia, rends-moi la vie,
Que je puisse mourir toujours !

XVIII

ENVOI.

Je n'ai ni trépieds grecs, ni coupes de Sicile,
Ni bronze d'Étrurie aux contours élégants ;
Pour mon étroit foyer tous les Dieux sont trop grands
Que modelait Scopas dans le Paros docile.

De ces trésors, Gallus, je ne puis t'offrir rien.
Mais j'ai des mètres chers à la Muse natale ;
La lyre en assouplit la cadence inégale.
Je te les donne, ami ! c'est mon unique bien.

Les Éolides

O brises flottantes des cieux,
Du beau printemps douces haleines,
Qui de baisers capricieux
Caressez les monts et les plaines,

Vierges, filles d'Éole, amantes de la paix,
La nature éternelle à vos chansons s'éveille ;
Et la Dryade assise aux feuillages épais
Verse aux mousses les pleurs de l'aurore vermeille.

Effleurant le cristal des eaux
Comme un vif essaim d'hirondelles,
De l'Eurotas aux verts roseaux
Revenez-vous, Vierges fidèles ?

Quand les cygnes sacrés y nageaient beaux et blancs,
Et qu'un Dieu palpitait sur les fleurs de la rive,
Vous gonfliez d'amour la neige de ses flancs
Sous le regard charmé de l'Épouse pensive.

  L'air où murmure votre essor
  S'emplit d'arome et d'harmonie :
  Revenez-vous de l'Ionie,
  Ou du vert Hymette au miel d'or ?

Éolides, salut ! O fraîches messagères,
C'est bien vous qui chantiez sur le berceau des Dieux;
Et le clair Ilissos d'un flot mélodieux
A baigné le duvet de vos ailes légères.

  Quand Theugénis au col de lait
  Dansait le soir auprès de l'onde,
  Vous avez sur sa tête blonde
  Semé les roses de Milet.

Nymphes aux pieds ailés, loin du fleuve d'Homère,
Plus tard prenant la route où l'Alphée aux flots bleus
Suit Aréthuse au sein de l'étendue amère,
Dans l'Ile nourricière aux épis onduleux,

  Sous le platane où l'on s'abrite
  Des flèches vermeilles du jour,
  Vous avez soupiré d'amour
  Sur les lèvres de Théocrite.

Zéphyros, Iapyx, Euros au vol si frais,
Rires des Immortels dont s'embellit la terre,
C'est vous qui fîtes don au pasteur solitaire
Des loisirs souhaités à l'ombre des forêts.

    Au temps où l'abeille murmure
    Et vole à la coupe des lys,
    Le Mantouan, sous la ramure,
    Vous a parlé d'Amaryllis.

Vous avez écouté, dans les feuilles blotties,
Les beaux adolescents de myrtes couronnés,
Enchaînant avec art les molles reparties,
Ouvrir en rougissant les combats alternés,

    Tandis que drapés dans la toge,
    Debout à l'ombre du hallier,
    Les vieillards décernaient l'éloge,
    La coupe ornée ou le bélier.

Vous agitiez le saule où sourit Galatée,
Et, des Nymphes baisant les yeux chargés de pleurs,
Vous berçâtes Daphnis, en leur grotte écartée,
Sur le linceul agreste, étincelant de fleurs.

    Quand les vierges au corps d'albâtre,
    Qu'aimaient les Dieux et les humains,
    Portaient des colombes aux mains,
    Et d'amour sentaient leurs cœurs battre,

Vous leur chantiez tout bas en un songe charmant
Les hymnes de Vénus, la volupté divine,
Et tendiez leur oreille aux plaintes de l'amant
Qui pleure au seuil nocturne et que le cœur devine.

  Oh! combien vous avez baisé
  De bras, d'épaules adorées,
  Au bord des fontaines sacrées,
  Sur la colline au flanc boisé!

Dans les vallons d'Hellas, dans les champs Italiques,
Dans les Iles d'azur que baigne un flot vermeil,
Ouvrez-vous toujours l'aile, Éolides antiques?
Souriez-vous toujours au pays du Soleil?

  O vous que le thym et l'égile
  Ont parfumés, secrets liens
  Des douces flûtes de Virgile
  Et des roseaux Siciliens,

Vous qui flottiez jadis aux lèvres du génie,
Brises des mois divins, visitez-nous encor!
Versez-nous en passant, avec vos urnes d'or,
Le repos et l'amour, la grâce et l'harmonie!

Fultus Hyacintho

C'est le roi de la plaine et des gras pâturages.
Plein d'une force lente, à travers les herbages
Il guide en mugissant ses compagnons pourprés
Et s'enivre à loisir de la verdeur des prés.
Tel que Zeus, sur les mers portant la vierge Europe,
Une blancheur sans tache en entier l'enveloppe.
Sa corne est fine, aux bouts recourbés et polis,
Ses fanons florissants abondent à grands plis,
Une écume d'argent tombe à flots de sa bouche,
Et de longs poils épars couvrent son œil farouche.
Il paît jusques à l'heure où, du Zénith brûlant,
Midi plane, immobile, et lui chauffe le flanc.
Alors des saules verts l'ombre discrète et douce
Lui fait un large lit d'hyacinthe et de mousse,
Et couché comme un Dieu près du fleuve endormi,
Pacifique, il rumine et clôt l'œil à demi.

Phidylé

L'HERBE est molle au sommeil sous les frais peupliers,
    Aux pentes des sources moussues
Qui, dans les prés en fleur germant par mille issues,
    Se perdent sous les noirs halliers.

Repose, ô Phidylé! Midi sur les feuillages
    Rayonne, et t'invite au sommeil.
Par le trèfle et le thym, seules, en plein soleil,
    Chantent les abeilles volages.

Un chaud parfum circule aux détours des sentiers;
    La rouge fleur des blés s'incline;
Et les oiseaux, rasant de l'aile la colline,
    Cherchent l'ombre des églantiers.

Les taillis sont muets; le daim, par les clairières,
    Devant les meutes aux abois
Ne bondit plus; Diane, assise au fond des bois,
    Polit ses flèches meurtrières.

Dors en paix, belle enfant aux rires ingénus,
    Aux Nymphes agrestes pareille !
De ta bouche au miel pur j'écarterai l'abeille,
    Je garantirai tes pieds nus.

Laisse sur ton épaule et ses formes divines,
    Comme un or fluide et léger,
Sous mon souffle amoureux courir et voltiger
    L'épaisseur de tes tresses fines !

Sans troubler ton repos, sur ton front transparent
    Libre des souples bandelettes,
J'unirai l'hyacinthe aux pâles violettes,
    Et la rose au myrte odorant.

Belle comme Érycine aux jardins de Sicile,
    Et plus chère à mon cœur jaloux,
Repose ! Et j'emplirai du souffle le plus doux
    La flûte à mes lèvres docile.

Je charmerai les bois, ô blanche Phidylé,
    De ta louange familière ;
Et les Nymphes, au seuil de leurs grottes de lierre,
    En pâliront, le cœur troublé.

Mais quand l'Astre, incliné sur sa courbe éclatante,
    Verra ses ardeurs s'apaiser,
Que ton plus beau sourire et ton meilleur baiser
    Me récompensent de l'attente !

Chant alterné

I

Déesse Athénienne aux tissus diaphanes,
Ton peuple, ô blanche Hellas, me créa de ses mains.
J'ai convié les Dieux à mes baisers profanes;
D'un immortel amour j'ai brûlé les humains.

II

Dans ma robe aux longs plis, humble vierge voilée,
Les bras en croix, je viens du mystique Orient.
J'ai fleuri sur ton sable, ô lac de Galilée!
Sous les larmes d'un Dieu je suis née en priant.

I

Sur mon front plein d'ivresse éclate un divin rire,
Un trouble rayonnant s'épanche de mes yeux ;
Ton miel, ô volupté, sur mes lèvres respire,
Et ta flamme a doré mon corps harmonieux.

II

La tristesse pieuse où s'écoule ma vie
Est comme une ombre douce aux cœurs déjà blessés ;
Quand vers l'Époux divin vole l'âme ravie,
J'allège pour le ciel le poids des jours passés.

I

Jamais le papyrus n'a noué ma tunique :
Mon sein libre jaillit, blanc trésor de Paros !
Et je chante Kypris sur le mode Ionique,
Foulant d'un pied d'ivoire hyacinthe et lotos.

II

Heureux qui se réchauffe à mon pieux délire !
Heureux qui s'agenouille à mon autel sacré !
Les cieux sont comme un livre où tout homme peut lire,
Pourvu qu'il ait aimé, pourvu qu'il ait pleuré.

I

Éros aux traits aigus, d'une atteinte assurée,
Dès le berceau récent m'a blessée en ses jeux ;
Et depuis, le désir, cette flèche dorée,
Étincelle et frémit dans mon cœur orageux.

II

Les roses de Sâron, le muguet des collines,
N'ont jamais de mon front couronné la pâleur ;
Mais j'ai la tige d'or et les odeurs divines
Et le mystique éclat de l'éternelle Fleur.

I

Plus belle qu'Artémis aux forêts d'Ortygie,
Rejetant le cothurne en dansant dénoué,
Sur les monts florissants de la sainte Phrygie
J'ai bu les vins sacrés en chantant Évohé !

II

Un esprit lumineux m'a saluée en reine.
Pâle comme le lys à l'abri du soleil,
Je parfume les cœurs ; et la vierge sereine
Se voile de mon ombre à l'heure du sommeil.

I

Dans l'Attique sacrée aux sonores rivages,
Aux bords Ioniens où rit la volupté,
J'ai vu s'épanouir sur mes traces volages
Ta fleur étincelante et féconde, ô Beauté !

II

Les sages hésitaient ; l'âme fermait son aile ;
L'homme disait au ciel un triste et morne adieu :
J'ai fait germer en lui l'Espérance éternelle,
Et j'ai guidé la terre au-devant de son Dieu !

I

O coupe aux flots de miel où s'abreuvait la terre,
Volupté ! Monde heureux plein de chants immortels !
Ta fille bien aimée, errante et solitaire,
Voit l'herbe de l'oubli croître sur ses autels.

II

Amour, amour sans tache, impérissable flamme !
L'homme a fermé son cœur, le monde est orphelin.
Ne renaîtras-tu pas dans la nuit de son âme,
Aurore du seul jour qui n'ait pas de déclin ?

Les Oiseaux de proie

Je m'étais assis sur la cime antique
Et la vierge neige, en face des Dieux ;
Je voyais monter dans l'air pacifique
La procession des morts glorieux.
La terre exhalait le divin cantique
Que n'écoute plus le siècle oublieux,
Et la chaine d'or du Zeus homérique
D'anneaux en anneaux l'unissait aux cieux.
Mais, ô passions, noirs oiseaux de proie,
Vous avez troublé mon rêve et ma joie :
Je tombe du ciel, et n'en puis mourir !
Vos ongles sanglants ont dans mes chairs vives
Enfoncé l'angoisse avec le désir,
Et vous m'avez dit : — Il faut que tu vives ! —

Hypatie et Cyrille

SCÈNE I

HYPATIE, LA NOURRICE.

LA NOURRICE.

O mon enfant, un trouble immense est dans la ville.
De toute part, roulant comme une écume vile,
Sous leur barbe hideuse et leur robe en lambeaux,
Les hommes du désert sortent de leurs tombeaux.
Hachés de coups de fouet, saignants, fangeux, farouches,
Pleins de haine, ton nom, ma fille, est dans leurs bouches.
Reste ! ne quitte pas la tranquille maison
Où mes bras t'ont bercée en ta jeune saison,
Où mon lait bienheureux t'a sauvée et nourrie,
Où j'ai vu croître au jour ton enfance fleurie,

Où ton père, ô chère âme, éloquent et pieux,
Dans un dernier baiser t'a confiée aux Dieux !

HYPATIE.

Nourrice, calme-toi. Cette terreur est vaine :
Je n'ai point mérité la colère et la haine.
Quel mal ai-je donc fait ? Ma vie est sans remord.
Les Moines du désert, dis-tu, veulent ma mort ?
Je ne les connais point, ils m'ignorent de même,
Et de fausses rumeurs troublent ton cœur qui m'aime.

LA NOURRICE.

Non ! J'ai trop entendu leurs cris barbares ! Non,
Je ne m'abuse point. Tous maudissent ton nom.
Leur âme est furieuse, et leur face enflammée.
Ils te déchireront, ma fille bien aimée,
Ces monstres en haillons, pareils aux animaux
Impurs, qui vont toujours prophétisant les maux,
Qui, rongés de désirs et consumés d'envie,
Blasphèment la beauté, la lumière et la vie !
Demeure, saine et sauve, à l'ombre du foyer.

HYPATIE.

J'ai dans ma conscience un plus sûr bouclier.
Le peuple bienveillant m'attend sous le portique
Où ma voix le rappelle à la sagesse antique.
J'irai, chère nourrice ; et, bien avant le soir,
Tu reverras ta fille ayant fait son devoir.

LA NOURRICE.

Je te supplie, enfant, par ta vie et la mienne !

SCÈNE II

HYPATIE, LA NOURRICE, L'ACOLYTE.

L'ACOLYTE.

Femme, Cyrille, évêque, est sur ton seuil.

HYPATIE.

Qu'il vienne !

SCÈNE III

LES MÊMES, CYRILLE.

CYRILLE.

J'ai voulu te parler, t'entendre sans témoins ;
Tes propres intérêts ne demandaient pas moins.
On vante tes vertus ; s'il en est dans les âmes
Que Dieu n'éclaire point encore de ses flammes !
J'y veux croire, et je viens, non comme un ennemi,
Dans un esprit de haine, à te nuire affermi,
Mais en père affligé qui conseille sa fille
Et la veut ramener au foyer de famille.
C'est un devoir, non moins qu'un droit ; et j'ai compté

Que tu me répondrais avec sincérité.
Par un siècle d'orage et par des temps funestes
Où le ciel ne rend plus ses signes manifestes,
J'ai vécu, j'ai blanchi sous mon fardeau sacré;
Heureux si, près d'atteindre au terme désiré,
Je versais dans ton sein la lumière et la vie!
Ma fille, éveille-toi, le Seigneur te convie.
Tes Dieux sont morts, leur culte impur est rejeté:
Confesse enfin l'unique et sainte vérité.

HYPATIE.

Mon père a bien jugé du respect qui m'anime,
Et je révère en lui sa fonction sublime;
Mais c'est me témoigner un intérêt trop grand,
Et ce discours me touche autant qu'il me surprend.
Par le seul souvenir des divines Idées
Vers l'unique Idéal les âmes sont guidées:
Je n'ai point oublié Timée et le Phédon;
Jean n'a-t-il point parlé comme autrefois Platon?
Les mots diffèrent peu, le sens est bien le même.
Nous confessons tous deux l'espérance suprême,
Et le Dieu de Cyrille, en mon cœur respecté,
Comme l'Abeille Attique, a dit la vérité.

CYRILLE.

Confondre de tels noms est blasphème ou démence:
Mais tant d'aveuglement est digne de clémence.
Non! le Dieu que j'adore et qui d'un sang divin
De l'antique Péché lava le genre humain,

Femme, n'a point parlé comme, aux siècles profanes,
Les sophistes païens couchés sous les platanes;
Et si quelque clarté dans leur nuit sombre a lui,
L'immuable lumière éclate seule en lui !
Il est venu; des voix l'annonçaient d'âge en âge;
La sagesse et l'amour ont marqué son passage;
Il a vaincu la mort, et, pour de nouveaux cieux,
Purifié le cœur d'un monde déjà vieux,
D'un souffle balayé des siècles de souillures,
Chassé de leurs autels les Puissances impures,
Et rendu sans retour par son oblation
La force avec la vie à toute nation !
Parle ! de l'œuvre humaine est-ce le caractère ?
Compare au Christ sauveur les sages de la terre
Et mesure leur gloire à son humilité.

HYPATIE.

Ce serait prendre un soin trop plein de vanité.
Toute vertu sans doute a droit à nos hommages,
Et c'est toujours un Dieu qui parle dans les sages.
Je rends ce que je dois au Prophète inspiré,
Et comme à toi, mon père, il m'est aussi sacré;
Mais sache dispenser une justice égale,
Et de ton maître aux miens marque mieux l'intervalle.
Sois équitable enfin. Que nous reproches-tu ?
Ne veillons-nous pas seuls près d'un temple abattu,
Sur des tombeaux divins qu'on brise et qu'on insulte ?
Prêtres d'un ciel muet, naufragés d'un grand culte,

Héritiers incertains d'un antique trésor,
Sans force et dispersés, que te faut-il encor?
Oui, les temps sont mauvais, non pas pour ton Église,
Mon père, mais pour nous que ton orgueil méprise,
Pour nous qui n'enseignons, dans notre abaissement,
Que l'étude, la paix et le recueillement.
Tourne au passé tes yeux ; rappelle en ta mémoire
Les destins accomplis aux jours de notre gloire.
Nos Dieux n'étaient-ils donc qu'un rêve? Ont-ils menti?
Vois quel monde immortel de leurs mains est sorti,
Ce symbole vivant, harmonieux ouvrage
Marqué de leur génie et fait à leur image,
Vénérable à jamais, et qu'ils n'ont enfanté
Que pour s'épanouir dans l'ordre et la clarté !
Quoi ! ce passé si beau ne serait-il qu'un songe,
Un vrai spectre animé d'un esprit de mensonge,
Une erreur séculaire où nous nous complaisons?
Mais vous en balbutiez la langue et les leçons,
Et j'entends, comme aux jours d'Homère et de Virgile,
Les sons qui m'ont bercée expliquer l'Évangile !
Ah ! dans l'écho qui vient du passé glorieux
Écoute-les, Cyrille, et tu comprendras mieux.
Écoute, au bord des mers, au sommet des collines,
Sonner les rythmes d'or sur des lèvres divines,
Et le marbre éloquent, dans les blancs Parthénons,
Des artistes pieux éterniser les noms.
Regarde, sous l'azur qu'un seul siècle illumine,
Des îles d'Ionie aux flots de Salamine,
L'amour de la patrie et de la liberté

Triompher sur l'autel de la sainte Beauté ;
Dans l'austère repos des foyers domestiques
Les grands législateurs régler les Républiques,
Et les sages, du Vrai frayant l'âpre chemin,
De sa propre grandeur saisir l'Esprit humain !
Tu peux nier nos Dieux ou leur jeter l'outrage,
Mais de leur livre écrit déchirer cette page,
Coucher notre soleil parmi les astres morts...
Va ! la tâche est sans terme et rit de tes efforts !
Non ! ô Dieux protecteurs, ô Dieux d'Hellas ma mère,
Que sur le Pavé d'or chanta le vieil Homère,
Vous qui vivez toujours, mais qui vous êtes tus,
Je ne vous maudis pas, ô Forces et Vertus,
Qui suffisiez jadis aux races magnanimes,
Et je vous reconnais à vos œuvres sublimes !

CYRILLE.

C'est bien ! Reconnais-les aux fruits qu'ils ont portés,
Ces Démons de l'Enfer sous d'autres noms chantés,
Qui, d'un poison secret infectant l'âme entière,
Ont voulu l'étouffer dans l'immonde matière,
Et sous la robe d'or d'une vaine beauté
Ont caché le néant de l'impudicité.
Quand les peuples nourris en de telles doctrines,
Comme des troncs séchés jusque dans leurs racines,
Florissants au dehors, mais la mort dans le cœur,
Tombent en cendre avant le coup du fer vengeur ;
Quand Rome, succédant à la Grèce asservie,

De sang, de voluptés terribles assouvie,
Faisant mentir enfin l'oracle Sibyllin,
Dans sa propre fureur se déchire le sein,
S'effraie aux mille cris de vengeance et de haine
D'un monde révolté qui va briser sa chaîne,
Et, d'un destin fatal précipitant le cours,
Dans ses temples muets blasphème ses Dieux sourds;
Enfant, prête l'oreille, interroge la nue;
Dis-moi ce que ta gloire antique est devenue !
Ou plutôt, vois, parmi l'essaim des noirs corbeaux,
La torche du Barbare errer sur vos tombeaux;
Et, repoussant du pied la Bacchante avilie,
Couchée, ivre et banale, au sein de l'Italie,
Le grand Cæsar chrétien abriter à la fois
Et l'Empire et Byzance à l'ombre de la Croix !
Jours du premier triomphe où, comme une bannière,
Le sacré Labarum flotta dans la lumière !
Puis, quand un voile épais semble obscurcir le ciel
Et qu'il faut boire encore à la coupe de fiel,
Vois Julien, faisant de la pourpre un suaire,
Ranimer un instant ses Dieux dans l'ossuaire,
Railler le Christ sauveur, et, comme un insensé,
Refouler l'avenir débordant le passé,
Offrir un encens vil aux idoles infâmes,
L'or à l'apostasie et des pièges aux âmes,
Mais bientôt, de son crime avorté convaincu,
Crier : — Galiléen ! je meurs et suis vaincu ! —
Et maintenant, regarde, au sein de la tourmente,
L'humanité livrée à la mer écumante ;

Apprends-moi dans quel lit assez profond pour lui
Enfermer ce torrent qui déborde aujourd'hui
Et qui, de jour en jour plus furieux sans doute,
Pour trouver son niveau voudra creuser sa route :
Vaste bouillonnement de désirs, d'intérêts,
D'avide convoitise et de sombres regrets ;
Peuples vieillis flottant au milieu du naufrage,
Et jeunes nations surgissant d'un orage,
Sans force d'une part et d'autre part sans frein,
Qui roulent au hasard comme un déluge humain.
Comment briseras-tu ce flot irrésistible ?
Où marques-tu le terme à sa course terrible ?
Et le mèneras-tu, par des sentiers choisis,
Du jardin de Platon aux parvis d'Éleusis ?
Ma fille, un nouveau lit s'ouvre au courant de l'onde,
Un nouveau jour se lève à l'horizon du monde,
Et le sang de mon Dieu cimente parmi nous
Le seul temple assez grand pour nous contenir tous.
Là, dans un même élan d'espérances communes,
L'homme méditera de plus hautes fortunes :
La paix, la liberté, le ciel à conquérir
Feront un saint devoir de vivre et de mourir,
Et les siècles verront, pleins de joie infinie,
La famille terrestre à son Dieu réunie !

HYPATIE.

Va ! ne mesure point ta force à nos revers :
Je sais à quel désastre assiste l'univers.

Le noble Julien, succombant à la peine,
M'instruit à confesser son espérance vaine;
Ce que Cæsar tenta, je ne l'ai point rêvé.
Contre ses Dieux trahis ce monde est soulevé;
Le présent, l'avenir, la puissance et la vie
Sont à vous, je le sais, et la mort nous convie.
Mais jusqu'à la fureur pourquoi vous emporter?
Jusque dans nos tombeaux pourquoi nous insulter?
Que craignez-vous des morts, vous de qui les mains pures
S'élèvent vers le ciel vierges de nos souillures,
Et qui, seuls, dites-vous, êtes prédestinés
A donner la sagesse aux peuples nouveau-nés?
Efforcez-vous, plutôt que nous jeter l'outrage,
De chasser de vos cœurs la discorde sauvage,
Et s'il est vrai qu'un Dieu vous guide, soyez doux,
Cléments et fraternels, et valez mieux que nous.
Regarde! Tout l'Empire est plein de vos querelles.
Quel jour ne voit germer quelques sectes nouvelles,
Depuis que Constantin, depuis bientôt cent ans,
Dans Nicée assembla vos pères triomphants
Qui, du temple nouveau pour mieux asseoir la base,
Contraignirent le monde à la foi d'Athanase?
Vains efforts! car l'ardeur de vos dissensions
N'a cessé de troubler le cœur des nations.
Que la pourpre proscrive ou cache l'hérésie,
Portant dans vos débats la même frénésie
Et par la controverse à la haine poussés,
Au nom du même Dieu tous vous vous maudissez!
Où sont la paix, l'amour, qu'enseignent vos églises?

Sont-ce là les leçons à l'univers promises?
Et veux-tu qu'infidèle au culte des aïeux,
Je prenne aveuglément vos passions pour Dieux?
Cyrille, écoute-moi. Demain, dans mille années,
Dans vingt siècles, — qu'importe au cours des destinées! —
L'homme étouffé par vous enfin se dressera :
Le temps vous fera croître et le temps vous tuera :
Et, comme toute chose humaine et périssable,
Votre œuvre ira dormir dans l'Ombre irrévocable!

CYRILLE.

Qu'en sais-tu? D'où te vient cette présomption
D'oser pousser au ciel ta malédiction?
Quoi! l'Église que Dieu pour sa gloire a fondée,
Du sang des saints martyrs encor tout inondée,
Comme un phare éclatant dans le naufrage humain,
Si tu ne l'applaudis, va s'écrouler demain!
Tu braves à ce point l'éternelle Justice!
Tremble qu'elle n'éclate et ne t'anéantisse...
Mais je m'oublie! Et Dieu, qui parle par ma voix,
Daigne encor t'avertir une dernière fois.
Femme! si nous offrons en spectacle à nos frères
La barque de l'apôtre en proie aux vents contraires,
Touchant à peine au port, et, comme aux premiers jours,
Lancée en haute mer pour y lutter toujours;
Si la victoire même a produit un mal pire
Par la contagion des vices de l'Empire;
Si l'hérésie enfin, mensonge renaissant,

Souille notre triomphe en nous désunissant,
Et, germe de colère autant que de ruine,
Livre au caprice humain la parole divine ;
Si trop d'ardeur nous pousse à trop de liberté,
Ne t'en réjouis point dans ta malignité :
Nos passions du moins sont d'un ordre sublime !
Nous combattons en nous les Esprits de l'abîme,
Et nous voulons forger avec des mains en feu
La sereine unité de nos âmes en Dieu !
Qu'importe tout un siècle écoulé dans l'orage,
Si l'arche du refuge est intacte et surnage,
Si, durant la tempête, un souffle furieux
S'envole au port divin et nous y conduit mieux !
Comme Pierre, jadis, qui s'effraie et chancelle,
Sur les flots soulevés le Seigneur nous appelle ;
Mais, si dans sa clémence il nous prend en merci,
Où l'apôtre a marché nous marcherons aussi ;
Et ce miracle saint, quand la foi le contemple,
Du triomphe promis est l'image et l'exemple.
Entends, ouvre les yeux, ma fille, et suis nos pas.
C'est le néant qui s'ouvre à qui n'espère pas !
Y dormir à jamais, est-ce là ton envie ?
Adores-tu les morts ? As-tu peur de la vie ?
Tes Dieux sont en poussière aux pieds du Christ vainqueur !

HYPATIE.

Ne *le crois pas, Cyrille!* Ils vivent dans mon cœur,
Non tels que tu les vois, vêtus de formes vaines,

Subissant dans le Ciel les passions humaines,
Adorés du vulgaire et dignes de mépris ;
Mais tels que les ont vus de sublimes esprits :
Dans l'espace étoilé n'ayant point de demeures,
Forces de l'univers, Vertus intérieures,
De la terre et du ciel concours harmonieux
Qui charme la pensée et l'oreille et les yeux,
Et qui donne, idéal aux sages accessible,
A la beauté de l'âme une splendeur visible.
Tels sont mes Dieux ! Qu'un siècle ingrat s'écarte d'eux,
Je ne les puis trahir puisqu'ils sont malheureux.
Je le sens, je le sais : voici les heures sombres,
Les jours marqués dans l'ordre impérieux des Nombres.
Aveugle à notre gloire et prodigue d'affronts,
Le temps injurieux découronne nos fronts ;
Et, dans l'orgueil récent de sa haute fortune,
L'Avenir n'entend plus la voix qui l'importune.
O Rois harmonieux, chefs de l'Esprit humain,
Vous qui portiez la lyre et la balance en main,
Il est venu, Celui qu'annonçaient vos présages,
Celui que contenaient les visions des sages,
L'Expiateur promis dont Eschyle a parlé !
Au sortir du sépulcre et de sang maculé,
L'arbre de son supplice à l'épaule, il se lève ;
Il offre à l'univers ou sa croix ou le glaive,
Il venge le Barbare écarté des autels,
Et jonche vos parvis de membres immortels !
Mais je garantirai des atteintes grossières
Jusqu'au dernier soupir vos pieuses poussières,

Heureuse si, planant sur les jours à venir,
Votre immortalité sauve mon souvenir.
Salut, ô Rois d'Hellas ! — Adieu, noble Cyrille !

CYRILLE.

Abjure tes erreurs, ô malheureuse fille,
Le Dieu jaloux t'écoute ! O triste aveuglement !
Je m'indigne et gémis en un même moment.
Mais puisque tu ne veux ni croire ni comprendre
Et refuses la main que je venais te tendre,
Que ton cœur s'endurcit dans un esprit mauvais,
C'en est assez ! j'ai fait plus que je ne devais.
Un dernier mot encor : — n'enfreins pas ma défense ;
Une ombre de salut te reste : — le silence.
Dieu seul te jugera, s'il ne l'a déjà fait ;
Sa colère est sur toi ; n'en hâte point l'effet.

HYPATIE.

Je ne puis oublier, en un silence lâche,
Le soin de mon honneur et ma suprême tâche,
Celle de confesser librement sous les cieux
Le beau, le vrai, le bien, qu'ont révélés les Dieux.
Depuis deux jours déjà, comme une écume vile,
Les moines du désert abondent dans la ville,
Pieds nus, la barbe inculte et les cheveux souillés,
Tout maigris par le jeûne, et du soleil brûlés.
On prétend qu'un projet sinistre et fanatique
Amène parmi nous cette horde extatique.

C'est bien. Je sais mourir, et suis fière du choix
Dont m'honorent les Dieux une dernière fois.
Cependant je rends grâce à ta sollicitude
Et n'attends plus de toi qu'un peu de solitude.

(Cyrille et l'acolyte sortent.)

SCÈNE IV

HYPATIE, LA NOURRICE.

LA NOURRICE.

Mon enfant, tu le vois, toi-même en fais l'aveu :
Tu vas mourir !

HYPATIE.

Je vais être immortelle. Adieu !

Poésies diverses

I

JUIN.

Les prés ont une odeur d'herbe verte et mouillée,
Un frais soleil pénètre en l'épaisseur des bois,
Toute chose étincelle, et la jeune feuillée
Et les nids palpitants s'éveillent à la fois.

Les cours d'eau diligents aux pentes des collines
Ruissellent, clairs et gais, sur la mousse et le thym;
Ils chantent au milieu des buissons d'aubépines
Avec le vent rieur et l'oiseau du matin.

Les gazons sont tout pleins de voix harmonieuses,
L'aube fait un tapis de perles aux sentiers,
Et l'abeille, quittant les prochaines yeuses,
Suspend son aile d'or aux pâles églantiers.

Sous les saules ployants la vache lente et belle
Paît dans l'herbe abondante au bord des tièdes eaux;
Le joug n'a point encor courbé son cou rebelle,
Une rose vapeur emplit ses blonds naseaux.

Et par delà le fleuve aux deux rives fleuries
Qui vers l'horizon bleu coule à travers les prés,
Le taureau mugissant, roi fougueux des prairies,
Hume l'air qui l'enivre, et bat ses flancs pourprés.

La terre rit, confuse, à la vierge pareille
Qui d'un premier baiser frémit languissamment,
Et son œil est humide et sa joue est vermeille,
Et son âme a senti les lèvres de l'amant.

O rougeur, volupté de la terre ravie !
Frissonnements des bois, souffles mystérieux !
Parfumez bien le cœur qui va goûter la vie,
Trempez-le dans la paix et la fraîcheur des cieux !

Assez tôt, tout baignés de larmes printanières,
Par essaims éperdus ses songes envolés
Iront brûler leur aile aux ardentes lumières
Des étés sans ombrage et des désirs troublés.

Alors inclinez-lui vos coupes de rosée,
O fleurs de son printemps, aube de ses beaux jours !
Et verse un flot de pourpre en son âme épuisée,
Soleil, divin soleil de ses jeunes amours !

II

MIDI.

Midi, roi des étés, épandu sur la plaine,
Tombe en nappes d'argent des hauteurs du ciel bleu.
Tout se tait. L'air flamboie et brûle sans haleine ;
La terre est assoupie en sa robe de feu.

L'étendue est immense, et les champs n'ont point d'ombre,
Et la source est tarie où buvaient les troupeaux ;
La lointaine forêt, dont la lisière est sombre,
Dort là-bas, immobile, en un pesant repos.

Seuls, les grands blés mûris, tels qu'une mer dorée,
Se déroulent au loin, dédaigneux du sommeil ;
Pacifiques enfants de la terre sacrée,
Ils épuisent sans peur la coupe du soleil.

Parfois, comme un soupir de leur âme brûlante,
Du sein des épis lourds qui murmurent entre eux,
Une ondulation majestueuse et lente
S'éveille, et va mourir à l'horizon poudreux.

Non loin, quelques bœufs blancs, couchés parmi les herbes,
Bavent avec lenteur sur leurs fanons épais,
Et suivent de leurs yeux languissants et superbes
Le songe intérieur qu'ils n'achèvent jamais.

Homme, si, le cœur plein de joie ou d'amertume,
Tu passais vers midi dans les champs radieux,
Fuis ! la nature est vide et le soleil consume :
Rien n'est vivant ici, rien n'est triste ou joyeux.

Mais si, désabusé des larmes et du rire,
Altéré de l'oubli de ce monde agité,
Tu veux, ne sachant plus pardonner ou maudire,
Goûter une suprême et morne volupté,

Viens ! Le soleil te parle en paroles sublimes ;
Dans sa flamme implacable absorbe-toi sans fin ;
Et retourne à pas lents vers les cités infimes,
Le cœur trempé sept fois dans le néant divin.

III

NOX.

Sur la pente des monts les brises apaisées
Inclinent au sommeil les arbres onduleux ;
L'oiseau silencieux s'endort dans les rosées,
Et l'étoile a doré l'écume des flots bleus.

Au contour des ravins, sur les hauteurs sauvages,
Une molle vapeur efface les chemins ;
La lune tristement baigne les noirs feuillages ;
L'oreille n'entend plus les murmures humains.

Mais sur le sable au loin chante la mer divine,
Et des hautes forêts gémit la grande voix,
Et l'air sonore, aux cieux que la nuit illumine,
Porte le chant des mers et le soupir des bois.

Montez, saintes rumeurs, paroles surhumaines,
Entretien lent et doux de la terre et du ciel !
Montez, et demandez aux étoiles sereines
S'il est pour les atteindre un chemin éternel.

O mers, ô bois songeurs, voix pieuses du monde,
Vous m'avez répondu durant mes jours mauvais;
Vous avez apaisé ma tristesse inféconde,
Et dans mon cœur aussi vous chantez à jamais!

Chansons écossaises

I

JANE.

Je pâlis et tombe en langueur :
Deux beaux yeux m'ont blessé le cœur.

Rose pourprée et tout humide,
Ce n'était pas sa lèvre en feu ;
C'étaient ses yeux d'un si beau bleu
Sous l'or de sa tresse fluide.

Je pâlis et tombe en langueur :
Deux beaux yeux m'ont blessé le cœur.

Toute mon âme fut ravie !
Doux étaient son rire et sa voix ;
Mais ses deux yeux bleus, je le vois,
Ont pris mes forces et ma vie !

Je pâlis et tombe en langueur :
Deux beaux yeux m'ont blessé le cœur.

Hélas ! la chose est bien certaine :
Si Jane repousse mon vœu,
Dans ses deux yeux d'un si beau bleu
J'aurai puisé ma mort prochaine.

Je pâlis et tombe en langueur :
Deux beaux yeux m'ont blessé le cœur.

II

NANNY.

Bois chers aux ramiers, pleurez, doux feuillages,
Et toi, source vive, et vous, frais sentiers ;
  Pleurez, ô bruyères sauvages,
  Buissons de houx et d'églantiers !

Du courlis siffleur l'aube saluée
Suspend au brin d'herbe une perle en feu ;
   Sur le mont rose est la nuée ;
   La poule d'eau nage au lac bleu.

Pleurez, ô courlis ; pleure, blanche aurore ;
Gémissez, lac bleu, poules, coqs pourprés ;
   Vous que la nue argente et dore,
   O claires collines, pleurez !

Printemps, roi fleuri de la verte année,
O jeune Dieu, pleure ! Été mûrissant,
   Coupe ta tresse couronnée ;
   Et pleure, Automne rougissant !

L'angoisse d'aimer brise un cœur fidèle.
Terre et ciel, pleurez ! Oh ! que je l'aimais !
   Cher pays, ne parle plus d'elle :
   Nanny ne reviendra jamais !

III

NELL.

Ta rose de pourpre, à ton clair soleil,
   O Juin, étincelle enivrée ;
Penche aussi vers moi ta coupe dorée :
   Mon cœur à ta rose est pareil.

Sous le mol abri de la feuille ombreuse
    Monte un soupir de volupté ;
Plus d'un ramier chante au bois écarté,
    O mon cœur, sa plainte amoureuse.

Que ta perle est douce au ciel parfumé,
    Étoile de la nuit pensive !
Mais combien plus douce est la clarté vive
    Qui rayonne en mon cœur charmé !

La chantante mer, le long du rivage,
    Taira son murmure éternel,
Avant qu'en mon cœur, chère amour, ô Nell,
    Ne fleurisse plus ton image !

IV

LA FILLE AUX CHEVEUX DE LIN.

Sur la luzerne en fleur assise,
Qui chante dès le frais matin ?
C'est la fille aux cheveux de lin,
La belle aux lèvres de cerise.

L'amour, au clair soleil d'été,
Avec l'alouette a chanté.

Ta bouche a des couleurs divines,
Ma chère, et tente le baiser !
Sur l'herbe en fleur veux-tu causer,
Fille aux cils longs, aux boucles fines?

L'amour, au clair soleil d'été,
Avec l'alouette a chanté.

Ne dis pas non, fille cruelle !
Ne dis pas oui ! J'entendrai mieux
Le long regard de tes grands yeux
Et ta lèvre rose, ô ma belle !

L'amour, au clair soleil d'été,
Avec l'alouette a chanté.

Adieu les daims, adieu les lièvres
Et les rouges perdrix ! Je veux
Baiser le lin de tes cheveux,
Presser la pourpre de tes lèvres !

L'amour, au clair soleil d'été,
Avec l'alouette a chanté.

V

ANNIE.

La lune n'était point ternie,
Le ciel était tout étoilé ;
Et moi, j'allai trouver Annie
Dans les sillons d'orge et de blé.
Oh ! les sillons d'orge et de blé !

Le cœur de ma chère maîtresse
Était étrangement troublé.
Je baisai le bout de sa tresse,
Dans les sillons d'orge et de blé.
Oh ! les sillons d'orge et de blé !

Que sa chevelure était fine !
Qu'un baiser est vite envolé !
Je la pressai sur ma poitrine,
Dans les sillons d'orge et de blé.
Oh ! les sillons d'orge et de blé !

Notre ivresse était infinie,
Et nul de nous n'avait parlé...
Oh ! la douce nuit, chère Annie,
Dans les sillons d'orge et de blé !
Oh ! les sillons d'orge et de blé !

VI

LA CHANSON DU ROUET.

O mon cher rouet, ma blanche bobine,
Je vous aime mieux que l'or et l'argent !
Vous me donnez tout, lait, beurre et farine,
Et le gai logis, et le vêtement.
Je vous aime mieux que l'or et l'argent,
O mon cher rouet, ma blanche bobine !

O mon cher rouet, ma blanche bobine,
Vous chantez dès l'aube avec les oiseaux ;
Été comme hiver, chanvre ou laine fine,
Par vous, jusqu'au soir, charge les fuseaux.
Vous chantez dès l'aube avec les oiseaux,
O mon cher rouet, ma blanche bobine.

O mon cher rouet, ma blanche bobine,
Vous me filerez mon suaire étroit,
Quand, près de mourir et courbant l'échine,
Je ferai mon lit éternel et froid.
Vous me filerez mon suaire étroit,
O mon cher rouet, ma blanche bobine !

Souvenir

Le ciel, aux lueurs apaisées,
Rougissait le feuillage épais,
Et d'un soir de mai, doux et frais,
On sentait perler les rosées.

Tout le jour, le long des sentiers,
Vous aviez, aux mousses discrètes,
Cueilli les pâles violettes
Et défleuri les églantiers.

Vous aviez fui, vive et charmée,
Par les taillis, en plein soleil ;
Un flot de sang jeune et vermeil
Pourprait votre joue animée.

L'écho d'argent de votre voix
Avait sonné sous les yeuses,
D'où les fauvettes envieuses
Répondaient toutes à la fois.

Et rien n'était plus doux au monde
Que de voir, sous les bois profonds,
Vos yeux si beaux, sous leurs cils longs,
Étinceler, bleus comme l'onde !

O jeunesse, innocence, azur !
Aube adorable qui se lève !
Vous étiez comme un premier rêve
Qui fleurit au fond d'un cœur pur !

Le souffle des tièdes nuées,
Voyant les roses se fermer,
Effleurait, pour s'y parfumer,
Vos blondes tresses dénouées.

Et déjà vous reconnaissant
A votre grâce fraternelle,
L'Étoile du soir, blanche et belle,
S'éveillait à l'Est pâlissant.

C'est alors que, lasse, indécise,
Rose, et le sein tout palpitant,
Vous vous blottîtes un instant
Dans le creux d'un vieux chêne assise.

Un rayon, par l'arbre adouci,
Teignait de nuances divines
Votre cou blanc, vos boucles fines.
Que vous étiez charmante ainsi !

Autour de vous les rameaux frêles,
En vertes corbeilles tressés,
Enfermaient vos bras enlacés,
Comme un oiseau fermant ses ailes ;

Ou comme la Dryade enfant,
Qui dort, s'ignorant elle-même,
Et va rêver d'un Dieu qui l'aime
Sous l'écorce qui la défend !

Nous vous regardions en silence.
Vos yeux étaient clos ; dormiez-vous?
Dans quel monde joyeux et doux
L'emportais-tu, jeune Espérance ?

Lui disais-tu qu'il est un jour
Où, loin de la terre natale,
La Vierge, d'une aile idéale,
S'envole au ciel bleu de l'amour?

Qui sait ? L'oiseau sous la feuillée
Hésite et n'a point pris l'essor,
Et la Dryade rêve encor...
Un Dieu ne l'a point éveillée !

Les Étoiles mortelles

Un soir d'été, dans l'air harmonieux et doux,
  Dorait les épaisses ramures ;
Et vous alliez, les doigts rougis du sang des mûres,
  Le long des frênes et des houx.

O rêveurs innocents, fiers de vos premiers songes,
  Cœurs d'or rendant le même son,
Vous écoutiez en vous la divine chanson
  Que la vie emplit de mensonges.

Ravis, la joue en fleur, l'œil brillant, les pieds nus,
  Parmi les bruyères mouillées
Vous alliez sous l'arome attiédi des feuillées
  Vers les paradis inconnus.

Et de riches lueurs, comme des bandelettes,
    Palpitaient sur le brouillard bleu,
Et le souffle du soir berçait leurs bouts en feu
    Dans l'arbre aux masses violettes.

Puis, en un vol muet, sous les bois recueillis,
    Insensiblement la nuit douce
Enveloppa, vêtus de leur gaine de mousse,
    Les chênes au fond des taillis.

Hormis cette rumeur confuse et familière
    Qui monte de l'herbe et de l'eau,
Tout s'endormit, le vent, le feuillage, l'oiseau,
    Le ciel, le vallon, la clairière.

Dans le calme des bois, comme un collier divin
    Qui se rompt, les étoiles blanches,
Du faîte de l'azur, entre les lourdes branches,
    Glissaient, fluides et sans fin.

Un étang solitaire, en sa nappe profonde
    Et noire, amoncelait sans bruit
Ce trésor ruisselant des perles de la nuit
    Qui se posaient, claires, sous l'onde.

Mais un souffle furtif, troublant ces feux épars
    Dans leur ondulation lente,
Fit pétiller comme une averse étincelante
    Autour des sombres nénuphars.

Chaque jet s'épandit en courbes radieuses,
>> Dont les orbes multipliés
Allumaient dans les joncs d'un cercle d'or liés
>> Des prunelles mystérieuses.

Le désir vous plongea dans l'abime enchanté
>> Vers ces yeux pleins de douces flammes ;
Et le bois entendit les ailes de vos âmes
>> Frémir au ciel des nuits d'été !

Dies iræ

Il est un jour, une heure, où dans le chemin rude,
Courbé sous le fardeau des ans multipliés,
L'Esprit humain s'arrête, et, pris de lassitude,
Se retourne pensif vers les jours oubliés.

La vie a fatigué son attente inféconde ;
Désabusé du Dieu qui ne doit point venir,
Il sent renaître en lui la jeunesse du monde ;
Il écoute ta voix, ô sacré souvenir !

Les astres qu'il aima d'un rayon pacifique
Argentent dans la nuit les bois mystérieux,
Et la sainte montagne et la vallée antique
Où sous les noirs palmiers dormaient ses premiers Dieux.

Il voit la terre libre, et les verdeurs sauvages
Flotter comme un encens sur les fleuves sacrés,
Et les bleus Océans, chantant sur leurs rivages,
Vers l'inconnu divin rouler immesurés.

De la hauteur des monts, berceaux des races pures,
Au murmure des flots, au bruit des dômes verts,
Il écoute grandir, vierge encor de souillures,
La jeune Humanité sur le jeune Univers.

Bienheureux ! Il croyait la terre impérissable,
Il entendait parler au prochain firmament,
Il n'avait point taché sa robe irréprochable ;
Dans la beauté du monde il vivait fortement.

L'éclair qui fait aimer et qui nous illumine
Le brûlait sans faiblir un siècle comme un jour ;
Et la foi confiante et la candeur divine
Veillaient au sanctuaire où rayonnait l'amour.

Pourquoi s'est-il lassé des voluptés connues ?
Pourquoi les vains labeurs et l'avenir tenté ?
Les vents ont épaissi là-haut les noires nues ;
Dans une heure d'orage ils ont tout emporté.

Oh ! la tente au désert et sur les monts sublimes,
Les grandes visions sous les cèdres pensifs,
Et la Liberté vierge et ses cris magnanimes,
Et le débordement des transports primitifs !

L'angoisse du désir vainement nous convie :
Au livre originel qui lira désormais ?
L'homme a perdu le sens des paroles de vie :
L'esprit se tait, la lettre est morte pour jamais.

Nul n'écartera plus vers les couchants mystiques
La pourpre suspendue au devant de l'autel,
Et n'entendra passer dans les vents prophétiques
Les premiers entretiens de la Terre et du Ciel.

Les lumières d'en haut s'en vont diminuées,
L'impénétrable nuit tombe déjà des cieux,
L'astre du vieil Ormuzd est mort sous les nuées :
L'Orient s'est couché dans la cendre des Dieux.

L'esprit ne descend plus sur la race choisie ;
Il ne consacre plus les justes et les forts.
Dans le sein desséché de l'immobile Asie
Les soleils inféconds brûlent les germes morts.

Les Ascètes, assis dans les roseaux du fleuve,
Écoutent murmurer le flot tardif et pur.
Pleurez, contemplateurs ! votre sagesse est veuve :
Viçnou ne siège plus sur le Lotus d'azur.

L'harmonieuse Hellas, vierge aux tresses dorées,
A qui l'amour d'un monde a dressé des autels,
Gît, muette à jamais, au bord des mers sacrées,
Sur les membres divins de ses blancs Immortels.

Plus de charbon ardent sur la lèvre-prophète !
Adônaï, les vents ont emporté ta voix ;
Et le Nazaréen, pâle et baissant la tête,
Pousse un cri de détresse une dernière fois.

Figure aux cheveux roux, d'ombre et de paix voilée,
Errante au bord des lacs sous ton nimbe de feu,
Salut ! l'humanité, dans ta tombe scellée,
O jeune Essénien, garde son dernier Dieu !

Et l'Occident barbare est saisi de vertige.
Les âmes sans vertu dorment d'un lourd sommeil,
Comme des arbrisseaux, viciés dans leur tige,
Qui n'ont verdi qu'un jour et n'ont vu qu'un soleil.

Et les sages, couchés sous les secrets portiques,
Regardent, possédant le calme souhaité,
Les époques d'orage et les temps pacifiques
Rouler d'un cours égal l'homme à l'éternité.

Mais nous, nous, consumés d'une impossible envie,
En proie au mal de croire et d'aimer sans retour,
Répondez, jours nouveaux ! nous rendrez-vous la vie ?
Dites, ô jours anciens ! nous rendrez-vous l'amour ?

Où sont nos lyres d'or, d'hyacinthe fleuries,
Et l'hymne aux Dieux heureux et les vierges en chœur,
Éleusis et Délos, les jeunes Théories,
Et les poèmes saints qui jaillissent du cœur ?

Où sont les Dieux promis, les formes idéales,
Les grands cultes de pourpre et de gloire vêtus,
Et dans les cieux ouvrant ses ailes triomphales
La blanche ascension des sereines Vertus ?

Les Muses, à pas lents, mendiantes divines,
S'en vont par les cités en proie au rire amer.
Ah ! c'est assez saigner sous le bandeau d'épines
Et pousser un sanglot sans fin comme la mer.

Oui ! le mal éternel est dans sa plénitude !
L'air du siècle est mauvais aux esprits ulcérés.
Salut, oubli du monde et de la multitude !
Reprends-nous, ô Nature, entre tes bras sacrés !

Dans ta khlamyde d'or, Aube mystérieuse,
Éveille un chant d'amour au fond des bois épais !
Déroule encor, Soleil, ta robe glorieuse !
Montagne, ouvre ton sein plein d'arome et de paix !

Soupirs majestueux des ondes apaisées,
Murmurez plus profonds en nos cœurs soucieux !
Répandez, ô forêts, vos urnes de rosées !
Ruisselle en nous, silence étincelant des cieux !

Consolez-nous enfin des espérances vaines :
La route infructueuse a blessé nos pieds nus.
Du sommet des grands caps, loin des rumeurs humaines,
O vents ! emportez-nous vers les Dieux inconnus !

Mais si rien ne répond dans l'immense étendue,
Que le stérile écho de l'éternel désir,
Adieu, déserts, où l'âme ouvre une aile éperdue!
Adieu, songe sublime, impossible à saisir!

Et toi, divine Mort, où tout rentre et s'efface,
Accueille tes enfants dans ton sein étoilé;
Affranchis-nous du temps, du nombre et de l'espace,
Et rends-nous le repos que la vie a troublé!

TABLE

	Pages
Sûryâ.	1
Prière védique pour les Morts.	4
Bhagavat.	7
La mort de Valmiki.	26
L'Arc de Çiva.	30
Çunacépa.	36
La Vision de Brahma.	57
Hypatie.	65
Thyoné.	69
Glaucé.	75
Hélène.	81
La Robe du Centaure.	123
Kybèle.	125

Pages

Pan	128
Klytie	130
Vénus de Milo	134
Le Réveil d'Hélios	137
La Source	139
Niobé	142
Hylas	161
Odes anacréontiques	165
Le Vase	172
Les Plaintes du Cyclope	174
L'Enfance d'Héraklès	177
La Mort de Penthée	180
Héraklès au Taureau	182
Khirôn	184
Thestylis	221
Médailles antiques	225
Péristéris	230
Paysage	232
Les Bucoliastes	234
Kléarista	239
Symphonie	241
Le Retour d'Adônis	242
Héraklès solaire	244
Églogue	245
Études latines	248
Les Éolides	262
Fultus Hyacintho	266
Phidylé	267
Chant alterné	270
Les Oiseaux de proie	274
Hypatie et Cyrille	271

Pages

Poésies diverses:

Juin 290
Midi 292
Nox 294

Chansons écossaises:

Jane 296
Nanny. 297
Nell. 298
La Fille aux cheveux de lin. 299
Annie. 301
La Chanson du rouet. 302

Souvenir. 303
Les Étoiles mortelles. 306
Dies iræ. 309

Paris. — Imp. A. LEMERRE, rue des Bergers.

www.ingramcontent.com/pod-product-compliance
Lightning Source LLC
Chambersburg PA
CBHW071249160426
43196CB00009B/1228